真语文培训书系

XUMING SHUO YUWEN

# 旭明说语文

王旭明　著

人民日报出版社

图书在版编目（CIP）数据

旭明说语文 . 三 / 王旭明著 .-- 北京：人民日报出版
社 , 2019.12
ISBN 978-7-5115-6260-9

Ⅰ. ①旭… Ⅱ. ①王… Ⅲ. ①语文课－教学研究－
中小学－文集 Ⅳ. ① G633.302-53

中国版本图书馆 CIP 数据核字（2019）第 265890 号

书　　名：旭明说语文（三）
　　　　　XUMING SHUO YÜWEN（SAN）
著　　者：王旭明

出 版 人：刘华新
责任编辑：林　薇　陈　佳
封面设计：沈　嵘

出版发行：人民日报 出版社
社　　址：北京金台西路 2 号
邮政编码：100733
发行热线：(010) 65369527　65369509　65369510　65369846
邮购热线：(010) 65369530　65363527
编辑热线：(010) 65369514
网　　址：www.peopledailypress.com
经　　销：新华书店
印　　刷：三河市嵩川印刷有限公司
法律顾问：北京科宇律师事务所　010-83622312

开　　本：710mm×1000mm　1/16
字　　数：238 千字
印　　张：18
版　　次：2019 年 12 月第 1 版
印　　次：2021 年 1 月第 2 次印刷

书　　号：ISBN 978-7-5115-6260-9
定　　价：46.00 元

# 目 录

● **理论篇**

## ● 实践篇

### ◎ 小 学

### ◎ 中 学

## ● 附 录

理论篇

# 牢牢把握语文教育正确方向，将课标精神落到实处

语文课程的性质是什么？语文课到底该教什么、怎么教？诗意语文、逻辑语文、主题语文等各种各样的教学流派有何不足？……多年来，关于语文的讨论不绝于耳，甚至由语文教育界蔓延到社会各界。我们认为，语文作为一门国民基础教育课程，具有其基本的学科属性，这是讨论的前提和基础。当前，我们特别需要进一步统一认识，正确理解语文的学科属性，以《义务教育语文课程标准（2011 年版）》（以下简称"课标"）为标准，牢牢把握语文教育的正确方向，将课标精神落到实处。本文试从语文独立设科以来学术界对其学科属性的讨论研究、国家课程层面对语文学科性质的定位轨迹、当前语文教学中普遍存在的问题以及如何用好国标本教材等方面阐述。

一

从我国现代语文课程诞生和发展的历史来看，学界内外对语文教育的定位和方向问题始终争论不休。自 20 世纪初语文课程独立设科以来，语文教育领域曾发生过多次论争，其中，语文课程性质的定位一直都是争论焦点，始终在"工具论"与"人文论"间摇摆不定。我们认为，多年来这种摇摆直接影响语文教育的方向，也影响我国国民语文素养的提升，因此必须进一步明确定位和准确把握。

从语文独立设科到新中国成立，不少语文教育大家都对语文课程性质提出了自己的观点。初期，"诗书教化"在一定程度上是语文教育追求的主要目标，但随着社会发展对人的才智要求愈加迫切，以"诗书教化"为主旨的语文教育逐渐让位于以智能为本体的语文教育。[1] 这种以智能为本体

---

[1]　黄行福. 从我国语文教育的历史看语文教育本体的演变［J］. 江西教育科研，1997（5）.

的语文教育，以语文能力训练、智力开发为根本，注重语文在学习工作和社会生活中交往、沟通的工具属性，因而也被称为语文教育工具观。

20世纪40年代中期，叶圣陶、朱自清在《国文教学》序言中讲道："五四以来文科的教学，特别在中学里，专重精神或思想的一面，忽视技术的训练，使一般学生了解文字和运用文字的能力没有得到适量的发展，未免失掉了平衡，而一般社会对青年学生要求的却正是这两种能力，他们要求学生第一要写得通，第二要读得懂。我们根据实际情形立论，偏重技术一面也是自然而然。"[②] 需要注意的是，即使如此，这一时期工具论的倡导者也反对把语文当作单纯的工具。他们认为，工具性是语文教育的基本属性，但这并不表明语文教育只有工具性。

新中国成立初期，经济建设和社会发展任务十分突出和繁重，当时的大环境是政治任务为重。语文教育配合国家建设的总任务，开始强调思想政治教育。1950年，以"语文"命名的语文课程教科书面世，其"编辑大意"明确表述为"语文教学应该包括听话、说话、阅读、写作四项"，又强调"无论哪一门功课，都有完成思想政治教育的任务。这个任务，在语文科更显得重要"[③]。客观地说，这种教育"政治化"的倾向在新中国成立之初有其合理的历史缘由和现实基础，是必然的，也是必要的。当然，从中也不难看出弱化语文教育本质和特点的苗头，有人认为这为此后多次关于语文课程性质的争论埋下了"伏笔"。

必须指出，中国共产党和中国革命的领袖毛泽东对语言文字的运用十分重视并具体推动，这不仅表现在新中国成立初期他对汉语拼音方案和简化汉字以及推广普通话的高度重视、直接推进，还表现在他对中国社会主义革命和建设的实践中。陈晋在《毛泽东的"语言地图"与话风文风》一文中说，毛泽东很喜欢讲得深透而又通俗明白、给人耳目一新的话风文风，对枯燥生涩、人云亦云、温暾俗套、言不及义的表达，一向深恶痛绝，斥之为"语言无味，像个瘪三"，属于"藏垢纳污的东西"。他还极而言之地说，这类话风、文风"流毒全党，妨害革命"，"传播出去，祸国殃民"。

---

② 转引自潘新和.语文学科呼唤科学态度和理性精神（下）——我国现代语文教育的世纪反思［J］.福建师范大学学报（哲学社会科学版），2002（1）.

③ 转引自蔡可.语文课程性质的历史论争及当代启示［J］.语文建设，2014（16）.

1958 年 1 月，毛泽东下决心改变"这种不良的风气"，专门起草了《工作方法六十条》，要求话风文风都应当具有三个特点：准确性、鲜明性、生动性。毛泽东不仅泛泛批评，还抓住典型，以严厉批评的方式推进工作改变。1958 年 9 月，他以两个中央部委上报的文件为例，严厉批评道："我读了两遍，不大懂，读后脑中无印象。将一些观点凑合起来，聚沙成堆，缺乏逻辑，准确性、鲜明性都看不见，文字又不通顺，更无高屋建瓴、势如破竹之态。"两个部委改过后，毛泽东又将他的批评和原稿件印发全国，下决心改变"逻辑学、修辞学、文学也不懂，写起文章来乱七八糟"的情况。④ 可以说，正是在毛泽东高度重视、率先垂范和典型推动下，中央对语文教育认识和要求不断深化，不断提高。

在这样的背景下，1959 年，中央教育工作会议决定以语文教育为重，要求各级教育领导部门抓紧语文教学改革，提高教学质量。关于语文教育问题的大讨论在全国各地展开，《人民日报》《光明日报》《文汇报》《人民教育》等报刊则将讨论推向深入。1961 年 12 月 3 日，《文汇报》发表社论《试论语文教学的目的任务》，对讨论进行了中期总结。社论指出，"语文，归根结底是一种工具"，"语文教学的任务应是：使学生正确、熟练地掌握与运用祖国的语言文字，培养与提高学生的阅读与表达能力，并通过教学内容的教育与感染，培养学生具有正确的观点、健康的思想感情和高尚的品德"。应该说，这一结论比较符合语文教育实际，也为语文课程工具性与人文性统一的定位奠定了很好的基础。

可惜的是，刚刚建立起来的语文教育秩序和大好形势，很快被 1966 年开始的文革破坏。文革结束后，教育界开始了拨乱反正、正本清源的改革，各地再次展开了关于语文学科目的与任务的大讨论。广大语文教育工作者深刻反思文革时期"左"的思潮，再次强调语文学科基础性、工具性的性质。1978 年 3 月 16 日，吕叔湘在《人民日报》发表《当前语文教学中两个迫切问题》一文，呼吁探求语文教学的科学化，排除"非语文"因素的干扰。同年，叶圣陶在《大力研究语文教学，尽快改进语文教学》一文中指出："语文是工具，自然科学方面的天文、地理、生物、数、理、化，社会科学方

---

④ 陈晋 . 毛泽东的"语言地图"与话风文风［A］// 胡松涛 . 毛泽东影响中国的 88 个关键词［M］. 北京：中国青年出版社，2016：序言 .

面的文、史、哲、经，学习、表达和交流都要使用这个工具。"⑤这两篇文章在当时影响广泛，响应者众，极大地促进了语文教育向正确轨道的回归。

然而，在教学实践中，还是有人片面理解工具观，将语文教育引向工具主义和形式主义，使其背离了原本属性，走向唯工具的道路。语文教学变成了纯技术的实践活动，学生成为接受语言知识的容器，不利于情感的养成、人格的塑造。随着解放思想、改革开放大潮的到来，人们开始寻找摆脱危机的办法，呼唤人文精神的复归。语文教育界也于20世纪90年代前后，开始全面审视片面的语文工具观带来的危害，探究语文教育的人文内涵，从人文关怀的立场重新阐释语文教育的方向，从而又掀起了一场关于语文教育的大讨论。1987年，上海陈钟樑老师在《是人文主义，还是科学主义？》一文中指出："现代语文教学发展的趋势，很可能是科学主义思想与人文主义思想的结合，指导改革开创一个新局面，以实现语文教学科学的艺术化与语文教学艺术的科学化。"⑥1995年，于漪发表《弘扬人文 改革弊端——关于语文教育性质观的反思》一文，强调语文学科是"一门人文应用学科，应该是语言的工具训练与人文教育的综合"，"学语文不是只学雕虫小技，而是学语文学做人"，"语文教育就是教文育人"⑦。同年，在《关于语文教育人文性的对话》一文中，于漪进一步阐述了她的语文教育性质观："语文教育不仅应注意语言工具训练，还要贯彻人文教育思想。"⑧由此可见，人们开始对语文教育本身所具有的人文特性给予高度重视，并且逐渐转向从"工具性"与"人文性"整合统一的角度寻求对语文课程定性的突破。

令人担忧的是，近十年来，又有人将语文教育的人文性作为工具性的对立面来界定语文课程的基本属性，在对工具观的反驳中矫枉过正，走向了另一个误区。这导致语文教育出现了种种"非语文"的现象：语文课不像语文课，语文教学"教无物"的空洞化、形式化泛滥；语文课没有"语文味"；课堂热衷于"搞活动"，看起来很"热闹"，一堂课下来学生所

⑤ 叶圣陶.大力研究语文教学，尽快改进语文教学［J］.语文教学通讯，1978（Z1）.
⑥ 陈钟樑.是人文主义，还是科学主义？［J］.语文学习，1987（8）.
⑦ 于漪.弘扬人文 改革弊端——关于语文教育性质观的反思［J］.语文学习，1995（6）.
⑧ 于漪，程红兵.关于语文教育人文性的对话［N］.文汇报，1996-04-15.

获甚微。与此同时，语文课程工具观与人文观之争，某种程度上又表现为教形式与教内容之争、能力训练与思想教育之争等，这些都是关系到课程目标的确立、语文教什么怎么教等的学科根本问题。

从百余年来的争论我们可以看出，人们对语文课程性质的探讨往往固执一端，有的过于强调语文教育的工具属性，有的过于强调语文教育的人文属性，在思想认识和方法论上总是不够全面，有片面之嫌。这种片面性虽然在一定时期和特定背景下有一定的合理性，也曾经发挥了一定的积极作用，但对语文教育长远建设来说，是十分有害的，这种思想认识方法上的片面性也直接影响了语文教育在提高国民语文素养方面应起到的正向作用。因此，梳理关于语文课程性质争论的历史脉络，有助于我们正确把握语文教育的方向，有助于我们思考今天的学校语文教育到底应该怎样走的问题。

## 二

伴随语文独立设科的百年历史，在国家政策层面，我国语文课程标准（教学大纲）也曾多次修改，从中也可看出语文教育方向上的摇摆不定。

癸卯学制颁布后，语文课程的工具性越来越受到重视。虽然当时的教学大纲并未对语文课程性质有明确的界定，但从学科目的、内容上仍可看出其倾向的变化。1912 年，中华民国教育部颁布的《小学校教则及课程表》中说，"国文要旨，在使儿童学习普通语言文字，养成发表思想之能力，兼以启发其智德"；《中学校令施行规则》也强调，"国文要旨在通解普通语言文字，能自由发表思想，并使略解高深文字，涵养文学之兴趣，兼以启发其智德"[9]。由此可知，语文教育的目的开始从"诗书教化"转为培养语文能力，"启发其智德"。1923 年，吴研因起草的《新学制课程标准纲要小学国语课程纲要》规定，语文课程的目的在于"练习运用通常的语言文字，引起读书趣味，养成发表能力，并涵养性情，启发想象力及思想力"，要求学生会用国语进行会话、演讲和辩论，进一步明确了语文学科的工具性属性。[10]同年，叶圣陶起草的《新学制课程标准初级中学国语课程纲要》同样突出了对工具性的要求，规定中学语文教学的目的是使学生"自由发表思想"，"能看平易的古书"，"能作文法通顺的文字"，产生"研究中国文学的兴趣"⑪。1929年的《小学课程暂行标准小学国语》把课程内容明确分为"说话""读书""作文""写字"四类，《初级中学国文暂行课程标准》规定学生要"养成运用语体文及语言充畅地叙说事理及表达情意的技能"⑫。可见，在对传统语文教育"重道轻文"倾向的反拨中，在国家政策层面，人们对语文课程工具性的认识越来越清晰，对语文课程的性质也有了越来越准确的把握。

新中国成立后，语文的工具性在国家教育政策中进一步得到认同。1956年颁布的初中汉语、文学教学大纲（草案）不仅明确汉语是"对青年一代进行社会主义教育的一种重要的、有力的工具"，而且指出文学也是"对年青一代进行社会主义教育的有力工具"⑬。1963年的《全日制中学语文教学大纲（草案）》是在当时语文界关于语文教学目的、任务和怎样教好语文的大讨论基础上制定的，它更明确了语文学科的工具性特点，开篇即指出"语文是学好各门知识和从事各种工作的基本工具"，并提出"一般不要把语文课讲成政治课，也不要把语文课讲成文学课"⑭。此后的教学大纲基本延续了此次大纲中对语文工具性的定位。

文革期间，语文教育陷入混乱状态，语文学科成为思想政治教育的工具。1978年的小学和中学教学大纲对此进行了拨乱反正，阐明语文是"常常用得着的基础工具"，但仍带有浓厚的政治色彩，将其界定为"思想政治教育和语文知识教学的辩证统一"，"在语文教学中，教师要坚持无产阶级政治挂帅；要在培养学生读写能力的过程中，注意课文的思想内容与表现形式的内在联系，正确地进行思想政治教育和语文知识教学"⑮。直至1980年，教学大纲才将这一说法改为："语文这门学科，它的重要特点是思想教育和语文教学的辩证统一。在语文教学中，教师要在培养学生读写能力的过程中，注意课文的思想内容与表现形式的内在联系，正确地进行思想教育和语文教学。"⑯

此后的教学大纲开始越来越多地提到思想性，并将其作为与工具性同等重要的属性。1986年《全日制小学语文教学大纲》指出，"小学语文是基础教育中的一门重要学科，不仅具有工具性，而且有很强的思想性，对于贯彻教育方针，促进学生德、智、体、美全面发展，适当加强劳动教育，培育有理想、有道德、有文化、有纪律的社会主义公民，提高全民族的思想道德和科学文化素质，建设社会主义物质文明和精神文明，有着重要意义"[17]。1988年《九年制义务教育全日制小学语文教学大纲（初审稿）》重申了1986年的这一说法，并进一步提出，"教师要不断端正教学思想，正确处理语言文字训练和思想教育的关系，教和学的关系，传授知识和发展智力、培养能力的关系"[18]。这为语文是"工具性与人文性的统一"这一定位的提出奠定了良好的基础。

20世纪90年代，受当时语文工具性、人文性争论的影响，教学大纲对语文课程的学科定位也开始有了新的变化。1999年，教育部下发初级中学语文教学大纲修订征求意见稿。次年3月，《九年义务教育全日制初级中学语文教学大纲（试用修订版）》出版，其中指出"语文是最重要的交际工具，是人类文化的重要组成部分"，要求"在小学语文教学的基础上，进一步指导学生正确地理解和运用祖国语文，提高阅读、写作和交际能力，发展学生的语感和思维，养成学习语文的良好习惯"[19]。这进一步体现了工具性与人文性并重的精神。2001年颁发的《全日制义务教育语文课程标准（实验稿）》明确指出："语文是最重要的交际工具，是人类文化的重要组成部分。工具性与人文性的统一，是语文课程的基本特点。"[20]2011年修订版更进一步提出："语文课程是一门学习语言文字运用的综合性、实践性课程。义务教育阶段的语文课程，应使学生初步学会运用祖国语言文字进行交流沟通，吸收古今中外优秀文化，提高思想文化修养，促进自身精神成长。工具性与人文性的统一，是语文课程的基本特点。"[21]应该说，重视语文教育工具性与人文性的统一，是对语文学科性质认识的深化，是对语文学科教学规律的高度概括，也是对语文学科教学目标的精辟总结；工具性与人文性的统一，是对现阶段办好中国特色社会主义语文教育最科学合理的定性，是语文独立设科百年来对课程性质最理性、最全面、最完整的一次总结，

---

⑨~⑲ 课程教材研究所编.20世纪中国中小学课程标准·教学大纲汇编：语文卷［G］.北京：人民教育出版社，2001.

⑳ 中华人民共和国教育部.全日制义务教育语文课程标准（实验稿）［S］.北京：北京师范大学出版社，2001.

㉑ 中华人民共和国教育部.义务教育语文课程标准（2011年版）［S］.北京：北京师范大学出版社，2012.

也是课程标准数易其稿之后，我们形成的一个新的认识。

实际上，注重工具性与人文性统一，也是世界多国母语教育的共识。如美国 2010 年颁布的《英语核心通用标准》指出，"英语语言艺术的核心目的是确保能够满足学生与家人、社会沟通的需要及促进社会发展的需要"，在明确工具性的同时，强调学生应"建构知识、充实经验、拓宽视野，能够自发地展示出作为民主社会里的一个个体和负责任的公民所必不可少的强大理性"[22]。法国母语课程在强调学生通过学习法语，获得在未来社会生活和公民生活中需要的自主表达和辩论能力的同时，提出要"成为自觉、自治、负责任的公民"的要求。[23] 新加坡 2007 年开始实施的《小学华文课程标准》指出，华文课程总目标包括三个层面的能力指向：提高人文素养、培养语言能力和培养通用能力。其中"人文素养"包括：培养积极的人生态度与正确的价值观；认识并传承优秀的华族文化；关爱家人，关心社会，热爱国家；热爱生活，感受美，欣赏美。从上述三国课程标准可知，语文教育除有通过学习语言提高使用语言能力的要求外，还具有使学生形成健全的人格、成为"负责任的公民"，以及提高思想道德修养、审美情趣等方面的任务。

纵观我国语文教学大纲和课程标准的变化，横看世界多国在母语教育方面的规定，语文教育的核心无一例外地聚焦在工具性与人文性的统一上，这是语文教育的方向问题。我们认为，2011 年版的义务教育语文课程标准是我国语文教育的一个纲领性文件，既是对我国古代"文道统一""文以载道"传统的继承，也符合现代母语教育规律，是现阶段对语文课程工具性与人文性关系最科学、最合理的解释，可以说，这一课程标准是对百年来我国语文教育方向与定位的科学总结，是在当代科学和信息技术迅猛发展、社会语言生活变化巨大的背景下对语文学科性质和特点的准确定位。单纯强调工具性，或单独强调人文性，都是对语文学科性质和价值的曲解，都无法真正发挥语文教育的育人作用。

---

[22][23] 转引自荣维东.国外母语课程标准对我国语文课程建设的启示 [J]. 语文建设，2015（31）.

<h1 style="text-align:center">三</h1>

必须指出的是，我国新时期的语文教育，尤其是《义务教育语文课程标准（2011 年版）》颁布以后，尽管还存在着思想意识有待加强、教学意识有待改进、教师素养有待提高等问题，但总体来看，我国语文教育的方向是明确的，方法上越来越遵从语文教育规律，认识上越来越回归语文教育本质。

党的十八大明确提出："要努力办好人民满意的教育。教育是民族振兴和社会进步的基石。要坚持教育优先发展，全面贯彻党的教育方针，坚持教育为社会主义现代化建设服务、为人民服务，把立德树人作为教育的根本任务，培养德智体美全面发展的社会主义建设者和接班人。"立德树人是包括语文在内的所有学科教育的根本指导思想，也是教育的根本任务。说到底，立德树人解决的是培养什么样的人、如何培养人的问题。

立德树人是中国特色社会主义教育发展的总体目标和根本目标，当然也是语文教育的总体目标和根本目标。那么，语文教育的具体目标是什么？或者说，广大语文教育工作者当前应该思考的是什么？我们认为，是如何在语文教育中根据语文教育的规律和特点实现立德树人，是如何通过合适的教育手段来发展人、改造人、塑造人，是如何通过正面的教育来引导人、感化人、激励人。工具性与人文性统一的学科特点，决定了语文学科的立德树人要体现在具体教学实践中，要有具体目标并遵循学科规律。把握不好分寸，就容易脱离工具性这个根基，成为思想品德课；过于强调工具性，则容易导致另一个极端。离开具体目标和学科规律的立德树人，表面上声音很大，影响也很大，热热闹闹，但由于脱离学科教学的具体特点，实际效果并不好。这方面我们的教训并不少，当下国民语文素养不高的一个重要原因与我们这样的认识误区不无关系。对于在语文教育中如何将立德树人具体化，许多专家、一线教师都有深刻的见解。原国家教委副主任柳斌就曾指出："语文素质是国民素质的根基。要培养学生的语文兴趣，引导学生热爱母语，热爱母语文化。培养学生读书的习惯、思考的习惯，引导他们把读书的思考融入生活过程中。训练学生的口语表达和书面表达的能力，努力提高国民语言素养和语文水平。"[24]"针对当前语文课讲得多、练

---

[24] 刘潇. 全国真语文系列活动在京举办［N］. 语言文字报，2013-05-22.

得少，花样多、学得累、获益少，示范课做作多、表演多、实效少的状况，我赞成提'返璞归真'这个口号！赞成钱梦龙先生大声疾呼的'语文课堂教学要重视训练'的呐喊！"[25]福建师范大学孙绍振教授则认为："历史已经把教师主导的任务明确放在了我们面前，故真语文提出，落实学生主体，只有排除伪主体，才能提升真主体。要承担起这样的历史任务"，"只有在主体的深度、高度上，以毕生的精力积累学养，才能驾驭学生自发、无序的思维向自觉的高度提升"[26]。北京市中学语文特级教师吴桐祯提出，语文课程的核心教学目标是"三引导，一培养"，具体表述为：引导学生建立合理的知识结构，引导学生掌握学习（自学）方法，引导学生提高听说读写能力，为培养具有健全完美人格的学生而尽到本学科的责任。[27]江苏省中学语文特级教师黄厚江说："语文对学生的用处最基本的是两个：一个是让学生学会学习语文，能够运用语文，会读会写会听会说；一个是丰富学生的精神世界，为学生搭建精神的家园。这两点归结到底，其实就是新课标中提到的工具性和人文性。"[28]上述观点都强调立足于语文的学科属性，去实现立德树人的育人目标，去丰富学生的精神世界，去培养具有健全完美人格的公民，这也是语文教育工具性与人文性水乳交融的具体体现。

**我们认为，语文教育的正确方向应该是按照语文教育规律育人，用语文的方法教语文，用语文的方法实现立德树人。**这样说绝非无的放矢。近年来，社会上有不少关于语文教育方向、语文课程性质、语文教学方法等方面的讨论，如果抛开非语文教育的因素，值得一提的是，有不少人认为，语文课程的立德树人就是把语文课上成思想政治课，上成主题班会课。对此，我们应该保持高度的警惕。关于片面强调工具性或者片面强调人文性对语文教育的危害，过去已经有过深刻的教训。语文课不是政治课、德育课，也不是审美教育课，或纯粹的语言课、思维训练课，更不是花哨的综艺活动课，把语文课上成思想政治课，和把语文课上成工具课，危害一样大。

同时，我们也应警惕在"工具性与人文性统一"的名义下，在立德树

㉕　柳斌.语文课重在培养能力和素养［N］.语言文字报，2015-12-30.

㉖　孙绍振.真语文拒绝伪主体——兼谈学生主体和教师主导［J］.语文建设，2015（13）.

㉗　吴桐祯.真语文的核心目标：三引导，一培养［J］.语文建设，2015（4）.

㉘　黄厚江.语文的原点——本色语文的主张与实践［M］.南京：江苏教育出版社，2011.

人的包装下，忽视语文教育规律、将"工具性与人文性统一"片面化的行为。如有观点认为，语文课上必须挖掘文章的思想内涵，"没有人文性，工具性也不可能独自生存"，语文教学中"掌握形式和理解内容必须同步进行"<sup>29</sup>。这样的观点看似正确，但其实是对"工具性与人文性的统一"扭曲和片面的认识。应该说，这样的认识也是造成现在语文课堂上大量非语文因素出现的重要原因。倪文锦先生说，语言的功能是强大的，它不仅能"附"人文性，也能"附"科学性。<sup>30</sup>因此，并不存在所谓工具性"不可能独自生存"的问题。当代语文课一定要把工具性与人文性融入教学实践中，当然，如何融入取决于具体的教学内容。"思想情感教育是通过语言进行的，要注重熏陶感染、潜移默化，而不是灌输、宣讲。"<sup>31</sup>我们强调用语文的方法教语文，那什么是语文的方法？用黄厚江的话来说，语文的方法就是遵循语文学习规律的、以语言活动为主的、能够服务于学生语文学习、有利于学生语文素养提高的方法。这应该是语文课上渗透人文性的前提和基础。

在教学实践中，工具性与人文性的统一必须落在实处，而不是借助统一的幌子，否认语文课程的工具性或者人文性。当然，工具性与人文性一定是水乳交融的。吴格明教授的观点值得我们借鉴："文何以载道"才是语文教学的主要内容，才是语文教学的根本大道。"语文课程有人文性，但语文的本质属性是工具性，语文是一种表情达意的人文工具。语文教学具有多重功能，语文素养中还应当有情感、态度、价值观，而且积极的情感、态度、价值观能够促进语文能力的提高，但情感、态度、价值观的培养应当渗透到听说读写的语文活动过程中去，而不是外加香油一勺，更不能喧宾夺主。"<sup>32</sup>

## 四

近年来，中小学语文课堂十分热闹，出现了各种各样的流派，并给语文冠以"某某语文"的名号。这不仅是对语文的不尊重，而且是对母语教

㉙ 杨先武.何为"语文教学"之"正道"［J］.名作欣赏：鉴赏版旬刊，2016（10）.

㉚㉛ 倪文锦.学风、文风、教风及其他——答湖北省特级教师杨先武［J］.语文建设，2016（13）.

㉜ 吴格明．"文何以载道"才是语文教学的大道［J］.语文建设，2015（28）.

育规律的扭曲。语文有诗意，不等于语文就是诗意语文；语文有逻辑，不等于语文就是逻辑语文；语文有主题，不等于语文就是主题语文；等等。那语文是什么？语文就是语文。凡是在语文前面加上各种修饰的语文都是荒唐和可笑的。那么，什么样的课才是合格的语文课？有没有标准呢？我们认为，语文课有标准，而且这个标准是唯一的，就是新中国成立后国家多次下发的语文教学大纲或课程标准，其中最新的版本是 2001 年制定、2011 年修订的《义务教育语文课程标准》。

语文课程标准是语文教育最根本、最重要的标准，是语文教学最重要的"法律"，具有权威性和唯一性。它是国家意志的体现，是每一位语文教师的"宪法"，按照课程标准的要求上好语文课是对每一位语文教师最基本、最起码，也是最根本的要求。怎样才算是一堂好的语文课？不是天马行空、随意评说，也不是花样翻新、人云亦云，而是要用课程标准这个准绳来衡量。按照课程标准开展教育教学，就是遵循母语教育规律。作为语文教师，首要的是按照国家制定的课程标准，老老实实地用好教材，上好每一堂语文课。

当前我们面临的任务是如何把现行的课程标准具体化，从而落实到不同类型的语文课上。语文教育包括很多重要环节，如教材、考试、教学、教师等，我们要把课程标准的精神落实到教材编写中，落实到考试内容上，落实到教学过程中，落实到教师培训上。我们认为，当下最该做的有两件事：一是把课程标准与考试内容紧密融合起来，不能脱节，比如课程标准中有口语交际内容，语文考试尤其是中考和高考就必须把口语交际评价加进来，唯此，人们才能更重视并执行好课程标准；二是各级教育行政部门和教研单位必须按照课程标准听课、评课，按照课程标准考核教师的业务水平。

然而，当下有一种暗流涌动，或者说，有公开否定或歪曲现行课程标准的说法，这值得我们高度警惕。比如有人说，当前中小学语文课程标准过于强调工具性，同时又把人文性片面地理解为人性。更有甚者，说 2011 年版义务教育语文课程标准"丧失了新中国语文教材区别于旧社会的人民性价值观，犯了去意识形态的重大错误"，其中的表述"完全西化、不体现社会主义国家意志"，使中小学语文教材修订出现"去意识形态化""西化倾向""泛宗教化""去思想化"的问题。[3]我们认为，这是对代表国家意志的语文课程标准，对语文教育最重要的"法律"极不负责、极不认真、极不严肃的态度。必须明确的是，我国有着十分严格的教材审查制度，尽管这一制度从专家组成到公开透明等多方面还需要改进、完善，但毋庸置疑的是，这一制度从新中国成立至今都被严格执行。换句话说，用哪些篇目、教什么内容和比例大概占多少，或有相对明确的规定，或业内约定俗成，不按照规矩办，审查委员会很难通过。因此，总的来说，在现行指导原则下，我们认为，目前我国中小学语文教学，尤其是教材选文上不存在方向性的、颠覆性的毛病和问题。

**当前值得注意的现象是，少数语文教师和教研员，甚至个别领导、专家的脑子里，执行课程标准的意识、理念和觉悟还不强，有的甚至不按课程标准讲课、评课和检测课。**我们认为，语文教育工作者要高举课程标准这一大旗，统一意识，统一行动，教实语文，教好语文。

我们坚持这样的观点，绝不是说现行的语文课程标准完美无缺。正如世界上许多法律法规都有其不足和缺陷一样，语文课程标准当然也有不足之处。然而即便如此，语文课程标准作为语文教育的"法律"，也应当得到尊重，在国家新的办法、规定和标准出台之前，我们必须遵守、执行现行的课程标准，这一点是毫无疑问的。

## 五

根据我国语文教育种种现实的、具体的情况，2016 年年底，国家组织专门力量，统一编写义务教育道德与法治、语文、历史三门学科教材。可以说，这一举措从教材编写角度为语文教育发展进一步指明了方向。

我们必须清醒地认识到，当前我国语文教育还存在一些问题。一方面，语文教学质量与效果并不尽如人意。有统计显示，在世界各国母语教育中，我国的流派最多、方法最多、专家最多、论文最多，但是母语教育质量并不高。2009 年发布的《中国义务教育检测质量报告》表明，在语文、数学、科学和思想品德四门学科中，语文的合格率最低，其中有近 30% 学生的语文成绩处于基本合格水平。另一方面，我们处在一个科技飞速发展的时代。

㉝　王小石．惊见"清真"语文！中小学语文教材让人触目惊心［EB/OL］．察网，2017-05-30..

不容否认，从电视、电脑、互联网到"AR""VR"等人工智能技术，科技的日新月异使语言的输入与输出变得越来越快捷、方便，但无法忽视的是，这些技术也使提笔忘字、不会说话等成为社会普遍现象。无论是在语文课堂上还是在现实生活中，我们总会看到很多可笑的、自相矛盾的现象。上级要求加强书法教育，于是各级各类学校就纷纷开设书法课、配备专门的书法教师，然而语文课上却随处可见教师用电脑打字、用 PPT 展示，学生用手机记录的场景。某种程度上说，越来越多的人不会说、不会写、不会听、不会读，成了现代社会技术病的一种衍生物，实在危害不小。必须看到，我国学校语文教育面临不小的挑战，提升国民语文素养任重而道远。

毋庸置疑，语文素养是一个人重要的品质，国民语文素养是一个国家重要的文化软实力。党和政府高度重视语文教育工作，把提高国民语文素养作为强国建设的重要组成部分。习近平同志是语言运用的大家，对语言文字工作和语文教育多次作出指示。他在任浙江省委书记时就曾批评一些干部不会说话："与新社会群体说话，说不上去；与困难群体说话，说不下去；与青年学生说话，说不进去；与老同志说话，给顶了回去。"[34]习近平的讲话多讲故事、举例子，用大白话、大实话和群众通俗易懂的语言。2013 年，习近平总书记在全国宣传思想工作会议上明确指出，要精心做好对外宣传工作，创新对外宣传方式，着力打造融通中外的新概念、新范畴、新表述，讲好中国故事，传播好中国声音。2014 年教师节前夕，他赴北京师范大学考察时指出："我很不希望把古代经典的诗词和散文从课本中去掉，加入一堆什么西方的东西，我觉得'去中国化'是很悲哀的。应该把这些经典嵌在学生脑子里，成为中华民族文化的基因。"[35]习近平总书记的一系列指示为我国语文教育指明了方向。2011 年 1 月 20 日，刘延东同志在纪念《国家通用语言文字法》颁布 10 周年座谈会上的讲话中指出，"语言文字应用能力是人类生存和发展所必需的一种基本能力，是综合素质的重要构成因素。良好的口语、书面语表达水平和语文综合能力对个人成长、成才、成功，具有不可低估的作用和影响。加快建设人力资源强国，提升人力资源开发水平，促进人的全面发展，必须提高全体国民的语言文字能力和应

---

用水平”，“各级各类学校要将提升学生语言文字素质作为实施素质教育、促进学生全面发展的核心内容之一”[36]。此外，全民阅读活动的推广、书香社会的建设，《中小学书法教育指导纲要》《关于实施中华优秀传统文化传承发展工程的意见》等政策性文件的发布，都表明党和国家对提升国民语文素养高度重视，并采取了多种措施去落实推进。

语文课程承担着提高国民语文素养的重要历史使命。《义务教育语文课程标准（2011 年版）》指出：“九年义务教育阶段的语文课程，必须面向全体学生，使学生获得基本的语文素养。”2016 年颁布的《国家语言文字事业“十三五”发展规划》明确提出“强化学校语言文字教育”，并强调要“将语言文字要求纳入学校、教师、学生管理和教育教学的各个环节”，“加强中小学普通话口语、规范汉字书写、阅读写作及语言文字规范标准等方面的教育教学，提高中小学生国家通用语言文字听说读写能力”。

党和国家的高度重视，以及一系列方针、政策的颁布实施，为语文教育工作的继续开展、国民语文素养的不断提升提供了政策支持与制度保障，也指明了前进的方向。因此，当下我们应该做的具体工作是，在国家统一编写的语文教材（以下简称“国标本教材”）即将全面覆盖全国中小学校的两三年过渡期内，努力探索如何用好国标本教材，如何将立德树人的具体任务落实到用国标本教材教学的每一堂课上，落实到用国标本教材检测每一位教师的课堂教学水平上，落实到用国标本教材对我国语文教育质量进行的全面评估上。**对此，国标本教材主编、北京大学教授温儒敏有十分清醒的认识。在国标本教材使用培训班上，他这样强调：“我们的教材编出来了，但这只是一步，最关键的一步还是语文教师如何用好这套教材。”温教授的话可谓智者之言，也可谓肺腑之言。**

## 六

在当前语文教材全国统编这样一个总的方向和背景下，语文教什么、

---

[35] 许路阳等 . 习近平：不赞成课本去掉古代经典诗词［N］. 新京报，2014-09-10.

[36] 刘延东 . 深入贯彻落实《国家通用语言文字法》全面推进语言文字事业科学发展——刘延东国务委员在纪念《国家通用语言文字法》颁布 10 周年座谈会上的讲话［EB/OL］. 中华人民共和国教育部门户网，2011-01-20.

怎样教的问题，摆在我们面前。如何用好国标本教材，学界还都在探索中。我们认为，用好国标本教材，至少要注意以下三方面。

第一，在全国两亿中小学生都使用国标本教材的情况下，不同学校的语文教师对学情的把握尤其重要，这将直接影响到教学效果。学情决定了知识点、重点、难点和关键点的选择，学情决定了如何使用教材和如何将教材用好，可以说，重视学情是用好这套教材的根本所在。对所谓城市重点校和对农村、山区薄弱校，因为学生的基础存在很大差别，即使用同一本教材教同样的内容，效果也会大不相同，这就要求语文教师针对不同学情，用不同的方法教好国标本教材。

有些课包括一些名师的课，执教者多以自己习惯的套路、方法和节奏来讲。课堂看上去很热闹、很风光，也很有教学技巧，但学生真正消化和理解的却有限。因此，重学情是提高课堂教学效率的前提。语文教师首先要把"重学情"这一思想嵌入头脑中，融化在血液里，落实在课堂上。其次，仅有思想还远远不够，必须对学生的实际情况有准确的把握和判断，这就需要教师具备敏锐的判断力和把控力。再次，有理念、有判断力还不够，还要有一定的知识储备和技巧方法，才能做到随机应变，这个"机"，就是当时、当堂、当批学生千差万别的实际情况。最后，教师的这种变通力不仅要体现在刚开始上课时，还要贯穿在整堂课的教学过程中，随时调整，随时变化。

事实上，用国标本教材开展课堂教学，重学情只是其中一方面。我们认为，用国标本教材上出一堂合格的语文课，语文教师应当遵守"十二字标准"——依课标、持教材、重学情、可检测。依课标，是指要将课标精神真正落实在课堂上；持教材，是指教师要立足教材，以教材中的课文作为教学的主要依据；重学情，是指教师要根据不同的学情来确定、调整教学内容；可检测，是指一堂课结束后，教师应当拿出五分钟或者更长的时间，检测学生是否掌握了这堂课的教学重点、难点。语文教师只有坚持这"十二字标准"，才有可能用好国标本教材，才有可能上出一堂合格的语文课。否则，一切都是空谈。

第二，著名中学语文特级教师钱梦龙提出的"简简单单教语文"的观点，时至今日仍非常适用。钱梦龙认为，语文教学其实很朴素、很简单，语文教学的道理其实也并不太复杂，可是经过专家们一次次"理论挖掘"，变得"华丽"起来，"复杂"起来，"深刻"起来，逐渐愈走愈远，以致人们忘记了它朴素平实的本来面貌。他将语文教学变得复杂的原因归为三方面：扑朔迷离的课程定性、不可捉摸的"语文素养"以及某些名师的负面示范。钱梦龙指出，要真正提高语文教学质量，有效提高学生语文素养，就必须让语文教学回归本源，回归朴素平实的本来面貌，即根据语文学科规律，简简单单教语文。他说："语文课主要是做好两件事：第一件事，实实在在教学生阅读、写作和听说；第二件事，使学生在阅读过程中受语言文字所蕴含的思想、文化、人文内容的熏陶感染，使语文教学真正发挥润物无声、潜移默化的教育功能。"[37]

道理虽然简单，但我们还是发现，不少语文教师特别是一些所谓学者型语文教师，总是将语文教育复杂化，将研究与教学混淆，将课堂与自己的书斋混淆，其教学效果可想而知。学者可以研究，专家可以著书，但中小学一线语文教师，其课堂教学就应该按照课程标准的要求，落实知识点，一课一得或几得，简简单单而不是漫无边际。具体来说，语文教师想要用准、吃透"简简单单教语文"这一理念，要做到八个"一定要"：一定要以课程标准为唯一依据，一定要做到工具性与人文性统一，一定要从体裁入手讲课文，一定要在重视体裁的同时讲清结构，一定要准确把握文本的教学解读，一定要将文本解读与学生的生活实际相结合，一定要检测并经得起检测，一定要不断提高自身专业素养。

第三，必须将立德树人的目标、任务，落实、渗透在语文教育教学中。把立德树人作为语文教育的核心是必须的、毫无疑问的，但是我们不能片面、孤立、形而上学和"贴膏药"式地将立德树人贴上去。强调立德树人而忽视语文教育的规律和特点，会导致教师教学缺少针对性。必须看到，立德树人不仅是语文教育的核心要求，而且是所有学科教育的核心要求。具体来说，将立德树人思想落实在语文课堂上，就是要通过教师的教学，为学生形成正确的世界观、人生观、价值观，形成良好的个性和健全的人格打下基础；就是要引导学生说真话、学说真话，写真文、学写真文，诉真情、

---

37 钱梦龙.简简单单教语文［N］.语言文字报，2015-07-03.

学诉真情，做真人、学做真人。

习近平总书记在中央全面深化改革领导小组第三十五次会议讨论教育改革与发展时强调，要"使各级各类教育更加符合教育规律、更加符合人才成长规律，更能促进人的全面发展，着力培养德智体美全面发展的社会主义事业建设者和接班人"⑱。"符合教育规律""符合人才成长规律"，这两个"符合"为我国基础教育指明了方向，也为语文教育的发展指明了方向。简言之，就是语文教学要符合规律地改，语文教育要符合规律地发展。当前，对于语文课程来说，语文教育工作者必须做到的是：在这两个"符合"思想的指导下，进一步统一思想认识，牢牢把握语文教育正确方向，为提高我国国民语文素养做出新贡献。

（本文原载于《语言文字报》2017年7月5日1版，《旭明说语文（一）》中已收录，但鉴于本文的重要性，为便于读者学习，再次收录。）

---

⑱　习近平主持召开中央全面深化改革领导小组第三十五次会议［EB/OL］.新华社，2017-05-23.

# 以课标为纲，推进语文教育"四轮"驱动

## ——再论"牢牢把握语文教育正确方向，将课标精神落到实处"

中小学施行语文教育的依据是什么？语文课程、语文教材、语文教学、语文教师以及语文评价之间到底是什么关系？语文考试等同于语文评价吗？……这些问题对中小学语文教育工作者甚至研究者来说看似简单，实则他们不一定有非常清醒、准确的认识。毋庸置疑，课程标准是教材编写、教学、评估和考试命题的依据，是国家管理和评价课程的基础。从这个角度来说，语文课程标准（以下简称"课标"）则是中小学施行语文教育最重要的依据，是语文教育最根本的标准，是语文教育最重要的"法律"。课标体现的是语文教育的"国家意志"，具有法律性、权威性和唯一性的特点。课标是语文教材之法、语文教学之法，也是语文教师之法、语文评价之法，是学校语文教育的指导方针，其重要性不言而喻。

那么，我们应当如何依据课标来推进中小学语文教育呢？我国中小学语文教育主要体现在教学、教材、教师和评价等方面，教学是实现课程目标的平台和抓手，教材是教学最重要的参考和凭借，教师是教学活动的组织者和引导者，评价则是检测教学活动是否实现课程目的的重要手段。教学、教材、教师和评价就像语文教育的"四轮"，相互依存，相互作用，缺一不可。因此我认为，应该以课标为纲，"四轮"驱动，推进中小学语文教育健康发展。下面本文具体阐述课标在我国执行的状况，以及如何在教学、教材、教师和评价四方面以课程标准为纲，推进中小学语文教育"四轮"驱动。

一

中小学语文教育强调以课标为纲，这在世界很多国家（地区）尤其是发达国家，是不争的事实。不少国家或地区都以课标或其他类似的形式为学校母语教育制定了"法律"，用以规范和要求自己的母语教育。作为"世界上最早实行宪政和法治的国家"，"英国的历次教育改革都是在专门委员会的调查研究、社会各界广泛讨论的基础上，形成法案提交议会辩论审议，最后经议会通过成为立法，然后才开始实行的"，"英国现行母语课程标准在前言部分阐释了英语学习的重要性，并对英语教学的意义和取向作了说明"①。2010 年 6 月 2 日，美国州首席教育官员理事会（CCSSO）和州长协会最佳实践中心（NGA Center）共同颁布了《州共同核心英语课程标准》，这是美国首部统一的国家课程标准。截至 2011 年，有 48 个州和哥伦比亚特区政府签署了采纳承诺。② 在法国，则是由专门的文科学科技术小组具体负责语文教学大纲制定工作。③ "日本把国语教育置于学校各学科教育的核心地位，视国语能力为其他各学科学习的基础，国语教育的地位与作用是其他任何一个学科所无法替代的"，2012 年，日本全面实施中小学国语新指导要领。④ 新加坡教育部对于母语教学尤其是华语教学一直十分重视，定期成立母语检讨委员会，修订母语课程标准。2010 年 5 月，新加坡教育部综合 2004 年《华文课程与教学法检讨委员会报告书》的意见，正式颁布了《中学华文课程标准 2011》。⑤ 在马来西亚，小学华文课程大纲分为华文小学的《小学华文课程纲要》和国民小学的《国小华语课程大纲》，前者属于第一语言教学模式，后者为第二语言教学模式。⑥ 中国香港课程发展议会在 2002 年编订了《中国语文教育学习领域课程指引（小一至中三）》，2006 年又编订了《新高中课程及评估指引（中四至中六）》。⑦ 中国台湾"于 2011 年正式出台了《国民中小学九年一贯课程纲要语文学习领域（国语文）》"，"强调'以学生发展为中心'，提高学生的文化素养，培养学生运用资讯的能力"⑧。由上可知，世界多数国家或地区都通过课标形式指导、规范、强化各自的母语教育，从而将中小学校母语教育工作落到实处。

①　殷琳.中英小学母语课程标准比较研究［D］.扬州大学，2013.

②　林芸.中美小学母语课标的比较研究——以中美最新国家母语课程标准为例［D］.扬州大学，2013.

③　汪凌.法国普通教育高中语文大纲介绍［J］.全球教育展望，2001，30（12）.

④　姚国宁.日本传统文化教育对我国语文教育的启示——基于中日母语现行课标比较的维度［D］.湖南师范大学，2014.

⑤　王兵.新加坡《中学华文课程标准 2011》解读——兼与 2002 年课程标准比较［J］.云南师范大学学报（对外汉语教学与研究版），2013，11（3）.

⑥　叶俊杰.马来西亚华文教学研究［D］.中央民族大学，2012.

⑦　谢锡金.香港特别行政区中国语文课程改革及教材发展［A］//洪宗礼、柳士镇、倪文锦主编.母语教材研究［M］.南京：江苏教育出版社，2007：245.

⑧　雷蕾.大陆与台湾义务教育语文课程标准（纲要）比较研究——以 2011 版《语文课程标准》与《国文课程纲要》为例［D］.云南师范大学，2015.

然而，在母语教育中，像我国这样教学流派众多、名师众多、教学研究活动众多的却极为少见，原因何在？我认为，其中重要原因是一些地方贯彻执行课标随意、不严肃，有的人认为语文课教师想怎么教就怎么教、想怎么上就怎么上。从目前状况来看，一方面，我们制定了相当不错的课标；另一方面，有的又不执行这个标准，更谈不上严格，或者说随意解释这个标准。比如，有人认为课标中"工具性与人文性统一"自相矛盾[⑨]；有人认为课标过于强调工具性，同时又把人文性片面地理解为人性[⑩]。此外，还不断有"语文教育向何处去"的呼喊、研讨，大有"乱花渐欲迷人眼"的态势。这种以挑课标毛病为时尚或由此显示自己水平高的风气，不仅对语文教育健康发展毫无益处，而且大有破坏和摧毁之势，让语文老师不知所云、不知何往、不知所措。我认为，对语文老师来说，首要的是必须按照国家制定的课标，老老实实地用好教材，上好每一堂语文课。语文的课程标准如同交通规则，试想如果没有交警按照规则指挥交通，马路上将会出现多么混乱的局面。当前中小学语文教育从某种程度上说，正处于这样一种有"法"不依、执"法"不严的状态之中。事实上，语文教学哪里需要那么多流派，哪里需要那么多解读和演绎啊！语文教学的根本就是要牢牢把握课标，根据教学实际调整和变化，以不变应万变，以教学规律指导各种教学方法。

我们强调课标很重要，并不是说课标就是完美的，课标确实还存在一些问题。其中最大的问题是某些目标和要求不具体、操作性不强。比如，何为"有感情地朗读"，课标中并没有明确说明。可以这样说，我们的课标确实还需要改进和完善，但这是一项长期的工作，甚至是一个永无止境的过程。在这个过程中，我们不能将"不完美"作为不执行课标的理由。一方面，我们要不断改进课标，不断完善课标；另一方面，我们也要强化课标意识，不折不扣地执行课标。这里所说的课标不仅是义务教育阶段的，还有高中阶段的、职业教育的。限于篇幅，本文所论述和强调的仅指义务教育阶段的课标。

二

---

⑨ 谢水泉.《语文课程标准》批判［EB/OL］. 唯存教育，2003-05-18.

⑩ 王小石. 惊见"清真"语文！中小学语文教材让人触目惊心［EB/OL］. 察网，2017-05-30.

中小学语文教育涉及诸多因素，学界普遍认为最重要的有四个：教学、教材、教师和评价。其中，教学不仅是语文课程的关键和中心环节，对学生学习产生直接作用，涉及人数最多、覆盖面最广、影响力最大，而且是每一位教师都可以有一定把握和控制的环节。

有学者用这样三个比喻说明课程与教学的关系：课程是一幢建筑的设计图纸，教学则是具体的施工；课程是一场球赛的方案，教学则是球赛进行的过程；课程是一首乐谱，教学则是乐曲的演奏。[①] 由此可见，教学是整个课程运作的核心和重心，如果课程不落实到教学上，那么再完美的方案，也只能止步于美好的设想。对于语文课程而言，其实施的基本途径是课堂教学。课堂教学是中小学语文教育最为关键的一环，只有通过课堂教学，语文课程的理念和育人目标才能实现。

一般来讲，课堂教学是指教师教和学生学的共同活动。其中，教师作为教学活动的组织者和引导者，直接掌控课堂教学，教师的主观能动性也体现在课堂教学中。从某种程度上说，教师的教学观念和教学方式决定了教学的实施过程及其效果。由于语文教学的特殊性，教师对课堂教学的主观能动作用更为突出，教师对课堂教学的把握也存在更多变数。可以说，当前语文教育中最杂乱的就是课堂教学，当前繁多的语文教学流派也主要集中在课堂教学领域。这种现象产生的最致命的问题，就是基于一己、一派、一批人之见开展教学与研究，而不是依据课标进行，使课堂教学莫衷一是。

当前语文课堂教学最主要的问题是什么呢？我认为是教学时老师脱离语言文字本体的内容，既不讲或很少讲字、词、句、层、段、篇、语、修、逻、文，又不讲或很少讲课文崇高、美妙在何处，而是堆积概念化、空洞、标语式的讲解；加上一些学界和语文教育界泛滥的名词术语，同时不适当地配上 PPT 和音乐等，或声嘶力竭，或矫揉造作，将课文讲成"四不像"，让学生反感甚至产生厌学情绪。近年来，我听过很多小学、初中或高中的语文课，有些还是优秀教师的课，其教学效果不大好。

**怎么教，即教法的问题，当下尤其应该引起重视**。教师应该重视教法，各级教研部门和教育系统的领导也都应该重视教法。作为语文课程的纲领

---

① 转引自成尚荣. 深化课改重在推进教改［N］. 中国教育报，2015-01-21.

性文件，《义务教育语文课程标准（2011年版）》对"怎么教"给出了建议，为教师明确了基本的教学原则，提供了可资借鉴的教学方法。认真学习和研究课标，无疑是上好语文课的前提。下面我结合自己的教学观察、实践及思考，具体分析应如何以课标为纲开展课堂教学。

**第一，语文教学要以语言文字为基本抓手。**课标在"教学建议"中指出，"语文教学要注重语言的积累、感悟和运用，注重基本技能训练，让学生打好扎实的语文基础"。我不赞同所谓主题式的教学，即把课文按照主题放在一起教，这节课以"风景"为主题，那节课以"助人为乐"为主题……围绕同一主题进行教学可不可以？当然可以，但必须明确的是，教学的关键内容并非告诉学生如何助人为乐，那样就把语文课上成思想政治课了。语文课应该教什么？应该教课文是用什么样的方法讲助人为乐的。如果学会了这些方法，再让学生试着用学到的方法讲助人为乐的故事，这才是在真教语文。对此，课标也有明确的表述："培养学生正确的思想观念、科学的思维方式、高尚的道德情操、健康的审美情趣和积极的人生态度，是与帮助他们掌握学习方法、提高语文能力的过程融为一体的，不应该当作外在的附加任务。应该根据语文学科的特点，注重熏陶感染，潜移默化，把这些内容渗透于日常的教学过程之中。"

以阅读教学为例，具体到操作层面，教师一定要根据课标不同学段的要求讲清体裁、讲清结构、讲清主题、讲清手法、讲清运用（字、词、句、层、段、篇、语法、修辞、逻辑、文学）。教材中的选文都有一定的体裁属性，从体裁入手开展教学是最基本的要求。在教不同文体的课文时，不应只讲它是散文、诗歌、说明文或别的什么，而应依据不同体裁对语文教学的要求，确定不同的教学方法和教学内容。比如《无衣》这首诗，开头三段都是"岂曰无衣"，到后面的同袍、同泽、同裳的"有衣"，从实到虚，从虚到实，虚虚实实，作者浓烈的情感浸透其中。教师一定要把这种情感讲出来、讲透彻，到底是"有衣"还是"无衣"，学生自明。此外，教师一定要在重视体裁的同时讲清结构。所谓结构，就是字与字、词与词、层与层、句与句、段与段之间的关系，不把这些关系抠准、教会，语文教师就不能罢休。仍以《无衣》为例，在这首诗中，句子与句子之间是有关系的，有的是递进关系，有的是因果关系，教师一定要把这个关系讲清、讲透。语文教师要像庖丁解牛一样,把课文结构讲清楚,之后让学生按这样的结构去练、去学。

第二,语文教学要重视训练学生的思维。课标在"教学建议"中指出,"阅读是运用语言文字获取信息、认识世界、发展思维、获得审美体验的重要途径","阅读教学应引导学生钻研文本,在主动积极的思维和情感活动中,加深理解和体验,有所感悟和思考","在理解课文的基础上,提倡多角度、有创意的阅读,利用阅读期待、阅读反思和批判等环节,拓展思维空间,提高阅读质量"。我曾听过这样一堂公开课:老师在课堂上让学生模仿课文中的一段话写作,有同学写的是"只要我们团结,就能……只要我们坚持,就能……",全班同学都觉得对,没有人提出异议。我认为,课堂教学中一定不能用这样的全称判断——"只要我学习好,什么都行""只要我聪明,干什么都可以",因为学生有了这种简单、片面的判断性思维,长大后容易走向极端。那该怎么改呢?加一个"可"字就大不一样了:"只要团结,就可能……只要坚持,就可能……"语文教师要把这个"可"字大大地写在学生的本子上,醒目地圈起来,然后让学生对比,虽然不同之处只有一个字,但表达的意思却有天壤之别——这不就是语文吗?这不就是在培养学生的思维能力吗?要是能一直这样教下去,我们的孩子就会更加智慧,就不大容易再随便说出绝对、极端的话了。

第三,语文教学要与学生生活紧密结合。课标在"教学建议"中对此提出了具体要求。比如,识字教学要"结合学生的生活经验,引导他们利用各种机会主动识字,力求识用结合";写作教学应"贴近学生实际,让学生易于动笔,乐于表达,应引导学生关注现实,热爱生活,积极向上,表达真情实感";口语交际教学应"努力选择贴近生活的话题,采用灵活的形式组织教学";综合性学习应"联系生活中的实际问题开展学习活动,在实现语文学习目标的同时,提高对自然、社会现象与问题的认识,追求积极、健康、和谐的生活方式,增强抵御风险和侵害的意识,增强在与自然、社会和他人互动中的应对能力"。以写作教学为例,现在的学生大多不爱写作文,根本原因是教师要求学生写的内容总是很大、很远,看不见、摸不着。比如,让学生描述一个地方的风景,为什么一定要写桂林、张家界、九寨沟这些风景名胜呢?为什么不让学生写写周围熟悉的地方,比如念书的学校、生活的小区?桂林、张家界、九寨沟这些地方很多学生没去过,教师却让他们写这些地方美在哪里，他们当然写不出来。学校、小区，学生天天生活于其中，他们当然有话可说。因此，语文教学一定要贴近学生的实际生活，让学生学会发现身边的美，讲身边的故事，说真话、写真文、诉真情。

第四，语文教学要重视学情，重视学生个体的感受。课标在"教学建议"中指出，"学生是语文学习的主体"，"学生生理、心理以及语言能力的发展具有阶段性特征"，应该根据不同学段学生的特点采取合适的教学策略，"应尊重学生的个体差异"。我曾多次执教公开课，深感重视学情、重视学生个体感受之难。比如，为了上好《说说我心目中的君子》这节口语交际课，我做了精心设计和充分准备。这堂课的设计为"三入一出"的结构，即通过问学生如何理解"语文"二字导入，知识点为讲述和复述；通过问学生"在学习、生活以及课文中，给你留下最深印象的人是谁，为什么"进入课题，知识点是转述；之后，通过请几个学生概括留给他们最深印象的人有什么特点，深入讨论"心目中的君子"，知识点是讨论；最后让学生以"我心目中的君子"为题演讲，知识点是演讲；快下课时，我又播放了三个短视频，让学生了解我们身边的那些君子行为。此外，我还准备了几十页古今中外有关"君子"的材料。尽管自己设计得很全面，学生却并不买账。课前几分钟，我问学生是否上过口语交际课，绝大部分学生说"没有"，个别学生说"上过一两节"。面对这样的学情，一方面我非常固执地认为这是初三的学生，用的是初三的教材，就应该对学生进行口语交际检测；另一方面我太钟情于自己的精心设计，按照预设推进，而忽视了学生的实际情况，没有迅速调整结构、降低要求。果不其然，一上课我就发现学生根本不懂讲述、转述、复述、演讲、讨论等口语交际的基本技巧和要求，而我却还是一味强推。尽管课堂也不乏精彩之处，但其实绝大部分学生的知识和能力并没有得到真正提高。把学生放在心里，真正重视学生的反应，科学处理好预设与生成的关系，真是一篇难而又难的"文章"。语文教师应该写好这篇文章，也必须写好这篇文章。

课标"教学建议"部分还有很多内容，比如"语文教学应在师生平等对话的过程中进行"，要"为学生创设有利于自主、合作、探究学习的环境"，"重视学生读书、写作、口语交际、搜集处理信息等语文实践，提倡多读多写，改变机械、粗糙、烦琐的作业方式,让学生在语文实践中学习语文,学会学习"等,并分别对"识字、写字与汉语拼音教学""阅读教学""写作教学""口语交际教学""综合性学习""语法修辞知识"这六方面做了具体要求。我相信,只要教师以课标为纲,遵从规律教学,就能上出合格的语文课。

　　为研究当前语文课堂教学存在的问题,提出解决的思路和办法,五年来,我们在全国开展真语文大讨论,举办了四十多场真语文活动,影响了不少语文教师。真语文理念提出以课堂教学为主阵地,以遵从教育规律开展教学为目标,以改进语文教学方法为手段,促进语文教学走上正确轨道。从我们收到的反馈情况来看,很多一线中小学语文老师觉得这样的语文教学有抓头、很务实,真正贯彻落实了课标精神。


## 三

　　众所周知,语文教材是教师实施教学活动的主要资源,是语文教育内容的重要载体。每一位语文教师都要用国家审定的语文教材上好课。

　　我国的语文教材建设有着悠久的历史。在夏、商、周时期,语文教育与经、史、哲等相互融合,真正意义上的语文教材较少。秦灭六国统一天下后,统一了文字,这为此后各类识字教材的出现奠定了基础。汉代有刻在竹简上的识字教材《仓颉篇》《急就篇》,到了魏晋南北朝时期,梁朝人编写出了集中识字教材《千字文》。⑫隋唐五代时期的识字教材主要沿用前代流传下来的《千字文》《急就篇》,没有创新编写出新的识字教材。⑬宋代名师大儒都热衷于编写教材,并且成就卓著。宋代编写出来的汉语文教材,版本多、数量大,涵盖了汉语文教学识字、写字、阅读、写作、辅助教学工具书的全部内容。⑭光绪二十七年(1901)在上海南洋公学问世的《新订蒙学课本》,一般被认为是我国现代教科书的萌芽。⑮总体来看,我国古代语文教材包括两大类。一类是被称为"蒙子学本"的识字课本,如被称作"字

⑫　王阳安,张会静.略论宋代小学语文教材体系［J］.安阳师范学院学报,2013(1).

⑬　郅美丽.宋代蒙学教育研究［D］.南京师范大学,2004.

⑭　余家春.宋代蒙学教育探究［D］.湖北大学,2006.

⑮　石鸥,吴小鸥.中国现代教科书之萌芽——南洋公学的《(新订)蒙学课本》［J］.湖南教育(语文),2008(1).

书之祖"的《史籀篇》，以及后期流传久远的《三字经》《百家姓》《千字文》。其特点可以概括为重视识字、写字教学，这是我国传统语文教育的一条重要经验。另一类是供青少年使用的诗文选本，如南北朝时期梁朝昭明太子所辑《昭明文选》，是我国现存最早的诗文总集。

十八世纪中叶以后，我国语文教育发展的步伐逐渐加快。1904 年，清政府颁布《奏定学堂章程》，标志着语文开始独立设科。应当指出的是，现代意义上的语文教材并不是与语文独立设科同步形成的，而是在对旧式文选型教材体系的不断突破和逐渐改造中发展形成的。自 1908 年起到 20 世纪 40 年代，语文教科书的编制在体例改造和更新方面有了很大突破，比如，谢无量编的《国文教本评注》突破了以时代为序的"直线式"编排的套路，兼顾时代先后及文字深浅两方面，并尝试以文体分编的新体制，助读系统得到明显的扩充。[16] 五四以后，文选型教科书呈现出崭新的面貌，洪北平编的《中等学校用白话文选》首开用现代白话文编写中学语文教材的先河。[17]1932 年，上海开明书店出版的《开明国语课本》，是一部由叶圣陶编写、丰子恺绘图、供初等小学使用的国语课本，其特点是图画与文字有机配合，形式很新颖，在当时同类教科书中属上乘之作，出版后广受欢迎。[18]

中华人民共和国成立后至 1985 年，我国语文教材采用"国定制"。1950 年，人民教育出版社承担了编写国家统一教材的任务，并于 1951 年出版了第一套以老解放区教材为蓝本的中学语文教材。[19]1985 年，国家颁布《中共中央关于教育体制改革的决定》，国家教委对中小学教材进行重大改革，中小学教材建设开始实行"一纲多本"的政策。[20] 随后，国家教委于 1988 年颁发《九年制义务教育全日制小学语文教学大纲（初审稿）》，规划义务教育教材建设工作。[21]2001 年 7 月，教育部颁布《国家基础教育课程改革纲要（试行）》《全日制义务教育课程设置实验方案》和《全日制义务教育语文课程标准（实验稿）》，实行国家基本要求指导下的教材多样化

⑯　李晓宏.中国语文教材历史发展轨迹综述［J］.长治学院学报，2005（3）.

⑰　倪文锦.我国语文教材建设的历史轨迹［J］.中学语文教学参考，1997（7）.

⑱　史玲玲.人教版与北师大版小学语文教材的比较研究［D］.华东师范大学，2008.

⑲　王腾腾.从国定制到审定制——中小学课本变身之路［N］.南方日报，2014-09-13.

⑳　吴惟粤，黄志红.中小学教材建设的实践与思考［J］.课程·教材·教法，2004（2）.

㉑　沈爱华.从教学大纲到课程标准——亲历课改十年之三［J］.湖北教育（教育教学），2011（4）.

政策，鼓励有关机构、出版部门等依据国家课程标准组织编写中小学教材。㉒

从上述中小学语文教材的发展进程不难发现，我国母语教材的编写经历了长期的探索与实践，在编写理念、结构体系、选文内容等方面积累了丰富的经验。

为适应当前语文教育发展的形势和要求，根据中央要求，教育部统一组织新编了义务教育道德与法治、语文、历史教材。就语文教材而言，从今年 9 月 1 日秋季学期开始，全国中小学起始年级全部投入使用统编本，2019 年所有年级全部使用统编本。㉓ 全国所有地区的中小学校统一使用统编本语文教材，应该说这是我国语文教材史上又一次重大和重要的变革，具有标志性意义。

统编本语文教材从 2012 年启动编写，到 2017 年完成全部编写工作，历时五年，可以说动用了国内目前所能动用的最强大的编写力量，但同时我们也应该充分认识到，即使我们现在编出了最好的、最权威的语文教材，也绝不等于就能解决当前语文教育领域存在的各种问题，因为编教材与用教材并不是一回事。换句话说，好教材关键在于用得好。如何用好统编本语文教材，恐怕是今后相当长的一段时间内我们面临的重要而艰难的任务。我认为其重要和艰难程度远远超过编写教材之重、之难。正如统编本语文教材总主编温儒敏教授反复强调的，编好教材只是迈出了一步，教材好不好关键不是编写者说了算，而是要看使用者。那么，如何用好统编教材呢？我认为至少应把握以下四个最基本的原则。㉔

一是删繁就简，把教材最核心、最关键的部分和使用者应掌握的最重要的内容，准确无误地传达出来。之所以强调删繁就简，是因为在我听过的不少教材培训中，一些教研员和教学专家特别喜欢把简单的事物说复杂，把复杂的事物说得更复杂，这让广大一线教师不知从何抓起，造成理解上的偏差和操作上的失误。教材编写者和辅导者，一定要用最简单、最通俗、最明白的语言，引导教师理解教材的"纲"和"魂"，尽可能准确地把握

㉒　顾之川.多纲多本：语文教科书的现状与思考［J］.中学语文教学，2009（10）.

㉓　柴葳，刘博智.道德与法治、语文、历史教材正式进入国家统编、统审、统用轨道 统编义务教育三科教材今秋启用［N］.中国教育报，2017-08-29.

㉔　王旭明.用好统编教材，将立德树人落到实处［N］.语言文字报，2017-09-01.

教材特点。二是针对学情、突出运用，反对千篇一律地照搬某种模式和方法。我国有两亿多中小学生，分散在不同地区，学生情况之复杂决定了教材使用者必须根据不同的学情确定教学重点和教学内容，而不能照搬、套用某种模式或方法，更不能用行政手段强推某种所谓的教学方法或理念。三是慎用PPT，警惕在教育现代化的旗号下干违反教育规律的事情。在使用教材时，尤其应强调以PPT和其他多媒体手段为辅，以教师的语言传授和逻辑演绎为主，不能直接把优秀教师的课件照搬到课堂上，简单放映和机械使用。必须认识到，教育现代化的核心是教师和学生思想的现代化，而不仅仅是教学方式和手段的现代化。四是一定要按照教育规律使用好统编教材。统编教材与非统编教材尽管在编写方式、手段和内容上有所不同，但教书育人的规律是一致的，多读书、善启发和因人施教、因材施教等教学规律，适用于所有教材。

当然，要真正用好统编教材，仅仅掌握这些基本原则还远远不够，还需要广大教师尤其是一线从教者发挥自己的教学智慧，真正将这些原则落到实处。如何落到实处呢？我认为应遵循这十二字原则：依课标、重学情、找重点、可检测。依课标，即必须将所授内容之课型与课标相对应的总要求、学段要求、教学建议及评价建议，一一对照并落实在教学设计上。重学情，至少包含两个确定：一是确定教学对象，学生是城镇的还是农村的，是重点学校的还是非重点学校的，课文是否学过，有没有预习，等等；二是要确定教学课时，即讲授这部分内容需几个课时。找重点，即必须列出本课教学重点并至少要在课上完成一道课后练习题。可检测，就是要按照上述环节完成课堂教学，并能用不同方式和手段对学生当堂所学内容进行检测。

前不久，在真语文五周年乌兰察布中学专场活动中，我执教了统编本语文教材七年级下册"综合性学习"——"我的语文生活"。可以说，这堂课就是按照"十二字基本原则"来教的。比如，课标在"总体目标与内容"中指出，"能主动进行探究性学习，激发想象力和创造潜能，在实践中学习和运用语文"；在"学段目标与内容"中，第三学段共有四条要求，其中核心是提出问题、收集资料和写简单的研究报告，第四学段包括能自主组织、提出问题、写研究报告、展示成果和查找资料；在"实施建议"中重点强调语文知识综合运用，听、说、读、写能力综合发展，语文课程与其他课程的沟通，书本学习与生活实践的紧密结合等；"评价建议"则指出，第三、第四学段重点考查学生找出问题、探究问题以及展示学习成果的能力。这些目标内容、实施建议、评价建议，就是我在确定教学目标和方法时最基本、最重要的依据。这堂课的教学内容，基本是按照教材上的要求处理的。上课学生是六年级刚毕业、待上七年级的，根据他们的年龄特点和实际情况，我将这堂课安排为两个课时，内容上也适当降低难度。由于教学安排为两个课时，故本次学生的学习成果可在第二节课上检测。这就是我对这堂课的一些基本考虑，当然，可能它不那么好看，也存在很多不足，但至少可以肯定地说，这是一堂合格的语文课。

**在这里，我要特别强调的是：口语交际和综合性学习是课标施行后推出的两种新课型，由于中考、高考没有相对应的内容以及多种因素的影响，中小学校普遍存在轻视或根本不上这两种课的情况。我认为，这种违反课标要求的现象必须纠正。**

## 四

教师是语文教育教学的重要一"轮"，也是教育发展的关键。在所有学科中，语文教师综合素养的要求有其特殊性，因为语文是跟人生联系最紧密、跟社会生活联系最紧密、跟人们的心灵世界联系最紧密的一门学科，甚至可以说，语文即人生。语文的特定属性，决定了其要解决的不仅是语和文的问题，还有做人的问题。要学会学习、学会做人，前提是学好语文。从这一点来看，语文教师对于学生人格的塑造具有不可替代的作用，是学生语文学习中看得见、摸得着、唯一可仿效的对象。因此，我认为，一位优秀的语文教师不仅应该成为知识的传授者，还应该成为学生的人生导师；不仅听、说、读、写能力要强，还应该具有较强的综合能力。

关于语文教师在课堂教学中的地位与作用，课标明确指出："教师是学习活动的组织者和引导者。"课标还对语文教师的专业素养提出了具体要求，如要求教师"应确立适应社会发展和学生需求的语文教育观念，注重吸收新知识，不断提高自身的综合素养"，"应努力改进课堂教学，整体考虑知识与能力、过程与方法、情感态度与价值观的综合，注重听说读写之间的有机联系，加强教学内容的整合"，等等。《普通高中语文课程标准（实验）》要求，教师要"研究自己的教学对象，从本课程的目标和学生的具体情况出发，灵活运用多种教学策略，有针对性地组织和引导学生在实践中学会学习"，要"努力适应课程改革的需要，继续学习，更新观念，丰富知识，提高自身文化素养"，等等。

中小学语文教师的专业素养是否达到了课标要求呢？我认为没有，至少有相当多的语文教师还没有达到上述要求。近年来，我参加了许多语文教育教学研讨或培训活动，听了大量语文常态课或公开课，接触了数以万计的一线语文教师，可以毫不客气地说，在当前语文教师群体中，不重视学情、不能正确把握教材内容、不读书、不写作等问题，绝不是个别现象，而是普遍现象。比如，许多语文教师电脑操作得很好，课件做得很漂亮，但字写得一般，话说得一般，对课文理解和解读得一般。又如，在一些教学基本功比赛中，不少语文教师分不清朗读与朗诵，不会讲故事，下水文充斥着虚情假意、大话空话，粉笔字书写笔顺都不规范，更别提间架结构这样的高要求了。如果语文教师大都如此，学生的语文能力怎么可能提高呢？我认为，语文教师的真功夫不在电脑技术和炫目的课件上，而在用口说、用手写上，在引导和训练学生听说读写的能力上。

当然，我也曾遇到过许多优秀的语文教师，如已是高龄的钱梦龙先生、吴桐祯先生、贾志敏先生，已经退休或接近退休的张赛琴老师、余映潮老师、黄厚江老师，还有张立军、薛法根等正当年的中青年老师。他们不仅遵循语文教育规律，认认真真教学生学语习文，还有深厚的学养和不断反思的谦逊精神，但不得不说，这样的教师还是太少了。一些中小学语文教师存在这样或那样的不足，归根结底是不重视课标、不能正确认识和把握语文课程特点，不按照课标要求提升自身专业能力的问题。当然，把原因都归结到教师个体上，是不恰当的，也是不负责任的。语文教师专业素养上存在的问题，应更多地从教师培养和培训中寻找原因。

一方面，我们先聚焦职前语文教师的培养。师范院校是语文教师的摇篮、孵化器和最重要的培养基地，对我国语文教育质量的提升具有无可替代的作用。我国师范教育已有一百多年历史，培养了一大批优秀的专业教师，但近年来也暴露出一些值得反思的问题，比如师范性弱化、教学方式单一、重学术轻应用、职业认同感低等。其中我认为最严重的，就是当前对语文教师的培养陷入了重学识、重学历和轻方向、轻方法的误区。近几年，我接触了不少具有名牌大学硕士甚至博士学历的青年教师，其中不少人不深入读文本，只会背一些概念、定义或国外的教育理念，对于一些教育现象没有自己独立的见解，只会综合各种评论后再自己评论。不可否认，学识、学历对教师专业成长很重要，但对语文教师来说最重要的是教学的方向和方法，是听说读写等语文基本功。

另一方面，我们再聚焦在职语文教师的培训。自实施课程改革以来，各级各类培训逐渐成为提升教师专业水平的一大法宝。这些培训满足了教师专业成长和国家教育发展的需求，客观上起到了传播先进教育理念、展示教学探索、拓展学科视野的作用。但需要注意的是，这些培训还存在各种各样的问题，比如培训主体与形式单一，培训内容缺乏针对性或阶梯性，以理论灌输为主、缺少实践环节等。其中最要紧的，是"学""习"分家，甚至存在对立、分裂、混淆等情况。重视"学"忽视"习"，大量时间放在报告、讲座，放在高屋建瓴的理论宣讲上，留给课堂实践、检测评价、互动交流的时间少之又少。培训内容离一线课堂教学远了，就如在沙地上盖高楼，参培教师听不进、不爱听，视培训为走形式，效果自然好不起来。

第一，转变观念，提高认识，着力培养合格的语文教师。语文教师素质的提升，关键在于教师培养与培训观念的转变和提升。在开展真语文教师培训活动过程中，我逐渐认识到，优秀永远属于少数者，专家、名师的个人魅力是普通老师无法模仿的，听课老师只是把他们当成"偶像"，把自己当成看客或者粉丝而已。于是我们将培训目标转变为培养合格的语文教师，并提出了合格语文教师的基本标准与核心标准。

合格语文教师的基本标准，是把每一堂课上成工具性与人文性统一的课。其核心标准，是为学生形成正确的世界观、人生观、价值观，形成良好的个性和健全的人格打下基础；引导学生说真话、学说真话，写真文、学写真文，诉真情、学诉真情，做真人、学做真人。此外，语文教师还要练好基本功，如写字（粉笔字、硬笔字、毛笔字）、朗读、讲故事、写下水文（诗、词），以及熟练的体态语言和教学技巧等。

合格是一个语文教师的基本标准，要达到优秀甚至卓越，首先要从合格开始。可以肯定地说，成为语文"大师"的永远是个别人，成为优秀教师的永远是少数，对绝大多数教师来说，最具普遍意义的是合格。不要小看合格，也不要轻视合格。只有语文教师群体合格率提升，才会有语文教育质量的整体提高和内涵的增加；而只要接受了语文教学的基本训练，按照课标要求上课，每一个语文教师都可以达到合格的标准。

第二，重视"学"与"习"的有机结合，提高培训实用性。语文教师的培养与培训一定要"学"与"习"并重，甚至更重视"习"，以真正达到培训实效。"学"就是掌握知识与方法，"习"就是反复练习、不断实践。单纯的理论宣讲无法落到实处，只有给一线教师讲课的机会，才能真正发现问题，进而解决问题。

如何做到"学"与"习"的有机结合，从而提高培训的实用性呢？我们从四十多场真语文教师培训活动中获得的经验是：减少专家报告时长，加大课堂教学，尤其是普通一线教师研讨课的比重；在每节课后留出充分的课后检测、同行点评以及授课教师答问时间；另外，在示范课设置上，不再一味追求名师的精彩展示，而是更多地提供让绝大多数老师可学、能学和有方向、重实效的示范课，在方向、目标和可行可效性上做出示范。这就真正给了普通老师舞台，让他们在学中习，又在习中学，从而有效提高课堂教学能力。

第三，尊重师范教育规律，按师范教育规律培养未来的教师。什么是师范教育规律？我认为其实就是育人的规律、因材施教的规律。一方面，师范教育应处理好通识与专业的关系。如果对其他专业来讲，通识只是基础，对师范教育来讲，通识则是必需。作为未来的教师，尤其是语文教师，必须什么都懂一点——这是教师的职业特性决定的。另一方面，师范教育应根据不同学段确定培养内容。比如，培养幼儿教师，就要重视吹拉弹唱等综合性能力的培养；培养中小学语文教师，则要以"合格"为标准，打牢听说读写的基本功，强调组织活动、课堂调控、分析学情等方面的能力。

我认为，从目前来看，对培养未来语文教师的师范教育而言，最切实可行的改革有三：一是不要一味读概念、读理论，而要读原著，考试一定要考师范生读原著的水平；二是要求师范生不仅要把字写规范、写好看，还要会写粉笔字、毛笔字，甚至繁体字；三是提高语文教师录用门槛，不能只看学历，还要看能力，要保证其能读、会写、善表达。

## 五

　　作为语文课程最后一"轮"，课程评价发挥着导向和纠偏作用，对于语文教育朝着正确的方向前进意义重大。一提到评价，我们想到的往往是各级各类考试或测验。其实，考试只是众多评价方式中的一种，课程评价还包括行为观察与记录、问卷调查、面谈讨论等多种方法。语文课程评价的方式非常多，为了便于论述，这里简单地将其分为选拔性测试和水平性测试两种，前者主要指中高考等，后者则包括课堂提问、检测以及期中、期末考试等。

　　选拔性测试与水平性测试之间既有联系，又有很大不同。它们都能在一定程度上反映学科教学水平和效果，但前者侧重通过测试成绩对学生专业水平做出区分，并以此作为选拔的主要依据；后者侧重检测学生学习成果是否达到合格标准，或者说是否达到学科学习最基本的要求。也就是说，选拔性测试针对部分学生，不要求每个学生都必须通过；水平性测试则针对全体学生，需要每个学生都能通过。然而，目前教师普遍以选拔性测试的标准要求学生，对水平性测试应达到的标准却不做要求。对此，不管是义务教育还是高中阶段的课标，都明确提出要改变评价过于重视甄别和选拔的状况。

　　目前的中小学语文课程评价中，不管是选拔性测试还是水平性测试，都存在一定程度上违背课标的问题。

　　先来看选拔性测试。必须承认，中高考等选拔性测试对于我国语文教育有着巨大影响，甚至发挥着"指挥棒"的作用。因此，其是否以课标为"标"，直接影响课标在中小学语文教育中的落实。近年来，不论是中考还是高考，各地有关部门都出台了考试大纲。从理论上讲，这个大纲是按照课标要求制定的，应该属于课程标准的子纲，但现实却是：考试大纲已经远远超出了其应有的作用，尤其是在高中阶段，考试大纲的作用甚至已经凌驾于课标之上。这是亟须改变和纠正的。如何解决这一问题呢？我认为最好的办法就是取消考纲，以课标为纲统领所有考试，强化课标在高中教育中的影响和作用。

　　此外，课标对学生识字、阅读、写作、口语交际都有明确要求，然而我国的中高考长期缺少口语交际的内容。这直接导致教师不重视口语交际，不爱教甚至不教口语交际，学生听说能力得不到有效培养和训练。在我看来，口语交际教学是不可或缺的，也是培养学生语文素养所必不可少的。缺少口语交际内容的课程评价是不完整的，更是违背课标精神的。

再来看水平性测试。课堂上每一个提问、每一次检测都属于水平性测试，对提高学生整体的语文水平、提高课堂教学质量，起着重要和关键的作用。当前存在的主要问题是，语文课上教师或"满堂灌"，不检测学生；或把检测当作一种形式，而不是当作提高学生语文水平的重要环节。语文课上的检测针对性不强，只对少数优秀的学生或某方面有特殊才能的学生。比如，在朗读课文时，教师往往让读得好的学生读；在回答问题时，教师只让那些积极举手的学生回答；等等。另外，在课堂教学中，教师对学生学习效果的评价普遍偏大、偏空，缺乏具体有效的指导。比如，我们经常在一些课堂上听到"主题鲜明""立意突出""首尾连贯"等套话，这些话当然没错，但将成人总结出的经验强压在还处于学习阶段的学生身上，这样的评价不仅是毫无作用的，而且是不负责任的。

针对上述这些问题，在近年来的真语文活动中，我们都特意安排了评测环节，尽量在每堂课后都对学生进行适度的检测。这些课后检测或针对老师教学中的薄弱环节，或针对当堂课的重要知识点，既是对听课老师的提醒，也是对听课学生学习效果的检查。

毫无疑问，课程评价改革是一项长期工程，其涉及评价体系的构建完善、具体评价标准的确定等，需要进行具体深入的研究，但如何在现有条件下发挥好课程评价这个"轮"的作用，需要我们每一个人的努力，在可为处为之。当前，我认为至少要在以下三方面有所作为。

第一，语文考试尤其是中考、高考，一定要落实课标要求，增加口语交际的内容，识字、阅读、写作、口语交际一个都不能少。具体实施办法可参考现有英语考试或普通话水平测试的方式。比如，第一步，先增加语文听力测试，让学生听完一段材料后，概括其主要观点或内容，找到关键词等；第二步，增加口语表达能力测试，给定一个主题，让学生围绕主题说几句话或一段话；第三步，增加口语交际能力测试，设定一个日常交际语境，如医患纠纷等，考查学生运用语言解决问题的能力。我们希望有条件的学校或地区，甚至可以增加独立的测试，全面考查学生的口语交际能力，由点及面地在全国范围内普及。

口语是书面语的基础，对一个人的成长起着非常重要的作用。培养一个人的口语能力，就是培养一个人的基本语文素养。当前，全社会的语文能力尤其是口语交际能力都有待提高，比如当下的医患关系紧张，其中一个重要原因就是我们口语表达水平不高。

第二，各级各类学校要改变"唯分数论"的单一评价方式，尤其是在小学、初中阶段，一定要建立多元评价体系。这方面我们可以参考国际学生评价项目，如 PISA，其目的就是让各个国家或地区通过测试发现差距和问题，改进教育教学策略。类似的评测，我们也可在同一地区的各个学校或者各个省市展开，发现问题后，还可为各地教学提供参考。

在评价实践中，语文教师一定要发挥创造性，创新评价方式，将观察与记录、问卷调查、面谈讨论等评价方法有机融入语文教育中，并作为反映教育教学质量的重要参考。我以为，至少要坚持"一课一得，一得一测"的原则。一堂课不是说讲完就算了，而应该经得起检测。怎么检测？课后练习至少有 80% 的学生当堂会做。建议老师每堂课都拿出五分钟或者更长的时间来做检测。一堂课上得怎么样，检测一下就知道了。老师可以检测学生是否掌握了这堂课的教学重点、难点，以及掌握的程度怎么样。如果一堂课讲完后，老师不知道测什么、怎么测，或者说大部分学生连课后练习题都不会做，那么不管这堂课老师讲得多么好、教学理念多么先进，我都认为方向不对，不是合格的语文课。

第三，课堂评价一定要具体、有针对性，切忌泛泛而谈或大而空地指导。上海市小学语文特级教师贾志敏的课堂评价，特别具体、有效，不仅真而且实，值得我们效仿和学习。比如，一次作文课上，有学生说，画家穷得像乞丐一样，贾老师马上制止说，别瞎夸张，这位画家是穷，但不是穷得像乞丐一样。有学生又说，他的家穷得布满了蜘蛛网，贾老师马上说，蜘蛛网不是穷而是脏，引得学生哄堂大笑，却得到了真实的语言感受。他夸学生也同样真实。有学生说，这位画家画了一天的画，卖了一年也没有卖出去，而画了一年的那幅栩栩如生、人见人爱。贾老师特别表扬这个孩子"人见人爱"一词用得好。贾老师就是在这样真实的批评与表扬相结合的过程中，提升与锻造学生的阅读能力和写作能力。这样的课堂评价才是真实有效的，才能真正提升学生的语文能力。

习近平总书记在中央全面深化改革领导小组第三十五次会议讨论教育改革与发展时，强调要"使各级各类教育更加符合教育规律、更加符合人才成长规律"[25]；刘延东同志在国家教材委员会第一次全体会议上也指出，"要尊重教育规律和学生成长规律"[26]。国家领导人的讲话无一例外均强调教育改革和发展要尊重"教育规律"和"成长规律"。毋庸讳言，这两个规律指明了我国教育改革的根本方向，当然也是语文教育前进和发展的方向。我认为，对语文课程来说，对学校语文教育来说，对中小学语文教师来说，要符合教育规律、符合人才成长规律，要尊重教育规律、尊重学生成长规律，就是要以课标为纲，牢牢抓住教学、教材、教师、评价这四个"轮"，使之相互配合、相辅相助，这样才能把握好我国中小学语文教育前进和发展的方向，才能促进我国中小学语文教育健康发展。

（本文原载于《语言文字报》2017 年 9 月 13 日 1 版）

---

[25]　柳斌.语文课重在培养能力和素养［N］.语言文字报，2015-12-30.

[26]　申宁.国务院成立国家教材委员会　新中国成立以来首次［EB/OL］.人民网，2017-07-06.

# 以开学第一课为例谈谈如何把语文课上成语文课

## ——三论"牢牢把握语文教育正确方向，将课标精神落到实处"

据报道，某校一位语文老师上了这样一堂开学第一课——

"我们都有一个家，名字叫中国，兄弟姐妹都很多，景色也不错……"随着歌曲《大中国》的旋律，该校一年级（1）班的语文课开始了。

第一课是《我是中国人》。电子屏幕上出现了课本插图：五十六个身着各自民族服饰的小朋友聚集在天安门五星红旗下。

"让我们拍拍胸脯，自豪地说一遍'我是中国人'。"在老师的带动下，教室里响起洪亮的声音。

"小朋友们，从这幅图中你们看到了什么啊？"老师问道。

"五十六个民族的小朋友组成的大家庭，都穿着很有特色的服装。"学生的回答，获得了老师一个大大的"点赞"。

"大家知道我国有哪些少数民族吗？"老师接着问。傣族、维吾尔族、苗族……孩子们的知识面之广让老师大吃一惊。

"我们班有没有少数民族同学？请到前面来。"三个孩子走上了讲台。

"我们来认认课本上的小朋友，看看自己都能认出哪些民族。"老师又问。

不知不觉半个多小时过去了。

"让我们一起拍手，一起唱歌好吗？"老师刚说完，《我们的祖国是花园》的音乐就响了起来。在孩子们的歌声中，第一节语文课就这样结束了。

为深入理解《牢牢把握语文教育正确方向，将课标精神落到实处》这篇文章的内容，下面以开学第一课为例，通过这堂课与我上的同一堂课做比较分析，以期引起读者的关注和思考。

一

上述报纸披露的虽然是课堂片段，但从中可看出课堂的基本架构和主要内容。由此看，这堂课从教学设计到学情掌握，从教学环节到本课知识点、重点、难点，都与现行的语文课程标准不一致，值得商榷。

《义务教育语文课程标准（2011 年版）》（以下简称"课标"）明确指出："语文课程是一门学习语言文字运用的综合性、实践性课程。义务教育阶段的语文课程，应使学生初步学会运用祖国语言文字进行交流沟通，吸收古今中外优秀文化，提高思想文化修养，促进自身精神成长。工具性与人文性的统一，是语文课程的基本特点。"其对第一学段识字与写字教学的目标和内容有如下规定：喜欢学习汉字，有主动识字、写字的愿望；认识常用汉字一千六百个左右，其中八百个左右会写；掌握汉字的基本笔画和常用的偏旁部首，能按笔顺规则用硬笔写字，注意间架结构；努力养成良好的写字习惯，写字姿势正确，书写规范、端正、整洁；学会汉语拼音；学习独立识字。在教学建议部分，课标指出："识字、写字是阅读和写作的基础，是第一学段的教学重点，也是贯串整个义务教育阶段的重要教学内容。""在教学过程中要'多认少写'，要求学生会认的字不一定同时要求会写。""识字教学要注意儿童心理特点，将学生熟识的语言因素作为主要材料，结合学生的生活经验，引导他们利用各种机会主动识字，力求识用结合。""要运用多种识字教学方法和形象直观的教学手段，创设丰富多彩的教学情境，提高识字教学效率。"

对照课标的要求和建议，我们来具体分析一下这堂课。

首先，从教学目标来看，这堂课旨在"从孩子上学第一天就把爱国的种子、文化自信的种子种在了他们的心田"（授课教师语），这当然不错，但从语文课程的基本特点——工具性与人文性的统一出发，显然，语文课的任务不仅仅是播撒爱国种子，而且是用语文的方法播撒爱国种子。课标虽然在"总体目标与内容"部分提出"在语文学习过程中，培养爱国主义、集体主义、社会主义思想道德和健康的审美情趣，发展个性，培养创新精神和合作精神，逐步形成积极的人生态度和正确的世界观、价值观"，但在具体操作中明确"应该根据语文学科的特点，注重熏陶感染，潜移默化，把这些内容渗透于日常的教学过程之中"，也就是说要将人文性融于工具性之中，融于听说读写之中。如果说这堂课还有点人文性的话（其实教师对本课人文性的理解很褊狭），那工具性在哪里？没有工具性又何谈统一？

其次，从教学内容来看，由歌曲《大中国》开始，到后面让学生观察插图中五十六个民族的小朋友，再到让学生说说我国的少数民族并根据服装辨认是哪个少数民族，最后以歌唱《我们的祖国是花园》结束，其中有音乐课的内容，有思品课的内容，有主题班会课的内容，但就是很少有语文课的内容，既不让孩子读书，也没有让他们识字、写字。课标强调，"识字、写字是阅读和写作的基础，是第一学段的教学重点，也是贯穿整个义务教育阶段的重要教学内容"，但我们在这堂课上并没有看到相关内容设计。

再次，从教学方法来看，教师首先用电子屏幕展示插图，这显然不妥，因为孩子从幼儿园到小学的重要转变就是要由看图过渡到读文。从看图到读文是小学低段一个重要的过程，也是语文课一个重要的开始。为什么不让孩子直接读课本上的图，而一定要用电子屏幕呢？学生在语文课上要学的绝不是会看图片、视频，而是要会读书。因此，语文课必须以读书本为主，以其他手段为辅。接着，教师问孩子从插图中看到了什么。这应该算是这堂课上唯一一个有关"语文"的问题，让学生读书、观察，但并没有坚持下去，在得到"五十六个民族的小朋友组成的大家庭"这个符合设定的答案后，教学立刻又转向了五十六个民族这样非语文的知识类问题。"大家知道我国有哪些少数民族吗？"教师接着问。这个问题离语文本体更远了。孩子答："傣族、维吾尔族、苗族……"教师"大吃一惊"，说明其对学情的掌握心中无数。然后，教师问孩子，谁是少数民族，并且要从插图中找出自己的民族。最后，"热闹"了半小时后，教师竟然让学生一起唱歌，整堂课在《我们的祖国是花园》的歌声中结束。这些方法更是偏离了语文的范畴。

最后，就教学重点而言，教师应该点赞的不应是发现"五十六个民族的小朋友组成的大家庭"的孩子，这是最简单和一般的发现，而应该点赞从图中发现"我是中国人""我上学了"和天安门城楼上的标语的孩子。这是识字，也是课标规定的第一学段语文教学的重要内容。从学生的认知规律上看，学生应该把握的是这张图的每一个细节，而不是教师设定的某个答案。正常的规律应该是，学生有答"看到了'我是中国人'几个字"，有答"看到了天安门"，有答"看到了五星红旗"，当然，也有可能"看到了五十六个孩子"，但这绝对不是唯一的答案，也不是最好的答案。教师让班上的少数民族学生辨认其民族服装，且不说这与学语文毫不沾边，这个问题对于从小生活在城市的孩子来说，无疑是脱离他们生活实际的。

尽管我们没有看到这堂课的全部内容，但从其主要架构和内容来看，这堂课的核心问题是将"语""文"的学习与思想教育割裂开来，做简单处理。我很奇怪，很多语文老师为什么对我们丰富、优秀、全球独一无二的汉字那么没有信心，一定要借助其他手段才能完成语文教学？说到底，还是一个对语文课程的认识问题，对"语"和"文"的认识问题，对汉语作为母语的认识问题。

## 二

如何依据课标，把语文课上成语文课呢？为了读者理解和阅读方便，我最近在广东省江门市新会区圭峰小学上了一堂同题的语文课。下面将教学环节和内容做简单介绍。

上课伊始，教师先做自我介绍。一学生在复述的时候说"您姓'黄'"，教师表扬孩子用了"您"这个礼貌用语，并相机指导学生区分"王""黄"的读音。

接着，教师引导学生读书，观察书上的内容。有学生说"数了数，一共有56个孩子，他们的衣服不同，还有他们衣服上的花纹也不同"，教师对这个学生观察仔细表示肯定。又问学生在哪里出生。有学生说自己是在香港出生的，教师抓住这一课堂生成资源，将在香港出生的六个孩子请到讲台上，告诉学生：无论是在内地出生，还是在香港出生，我们都是中国人。再由出生地不同，引申到民族不同，告诉学生：不管是在香港出生还是在内地出生，不管是汉族还是其他民族，我们都是中国人。

教师让学生继续观察从书上还看到了什么。各种答案都有，有天安门、国旗、鲜花、蓝天，也有"我是中国人"的文字，还有"我上学了"等。教师重点表扬了发现天安门城楼上的标语、课题"我是中国人""我上学了"几处文字的同学，因为他们不仅看到了图，还发现了图上的字，以此引导学生语文课上就是要学识字。此外，教师还表扬了发现毛泽东画像的同学，告诉学生"毛泽东是我们国家的第一位主席，是我们的伟大领袖，一定要记住毛主席"，将人文内容渗透给学生。

然后，教师将识字与语文表达结合起来，让学生完整复述书上的几处文字："我看出这一课书里有四处文字，第一处是（　），第二处是（　），第三处是（　　），第四处是（　　）。"指导学生把话讲清楚，讲出条理。

考虑到这堂课是学生学过的，最后，教师提高学习难度，请两个学生到黑板上写"我是中国人""我上学了"两句话，其他学生同教师一起书空。

临近下课时，教师为巩固学习成果，让学生将几处文字再复述一遍，并告诉孩子们：今后学习语文，就是要"好好读书、好好识字写字、好好说话、好好写文章"。

从看图到识字、写字，这才是语文课应该讲的内容。当然，教学内容、教学环节、重点难点等都可以根据学生的实际情况做调整，但必须始终不离"语"和"文"。

首先，从教学目标来看，我这堂课旨在培养学生读书、识字写字的意识，

2017 年 9 月 13 日，真语文五周年之公益行送教广东省江门
市新会区圭峰小学活动中，王旭明执教示范课《我是中国人》。

并在其中融入爱国主题教育。在我的课堂上（这当然绝不是唯一的示例），既有"我是中国人"这样主题鲜明的教育，又有让学生用眼睛观察和用语言表达自己所观察的结果，并且重复自己观察结果的语言训练，还有识字、写字训练，可以说是爱国主题和语文知识水乳交融的过程。

其次，从教学内容来看，从开始让学生区分"王"与"黄"的读音，

到后面引导学生由看图走向看文字，再到读文字、写文字，并相机训练学生的语言表达能力，可以说，处处都是语文的内容。可能有人说，学生第一堂课不就是那么回事吗？此言大错特错。通常，学生上第一堂语文课时注意力会高度集中，对第一堂语文课的印象也往往最深。因此，绝不能让孩子从幼小的年龄开始就认为语文课是这样的"四不像"，一定要让孩子从一年级开始就热爱自己民族的母语，并开始学会用语言表达心声，学会说话。

再次，从教学细节来看，我在执教时特别注意根据学生的情况调整教学内容和方式。比如，因为了解到学生已经上过这堂课了，所以我在教学时有意提高了难度，增加了写字环节。再比如，课堂上考查学生是否能发现书上的四处文字，结果学生没有发现天安门城楼上的两句话，我就再次强调了它们。对于"我是中国人"这一思想主题内容，在教学设计中，我本想通过让学生说说自己在哪里出生，然后告诉学生，无论在哪里出生，我们都是中国人。在实际教学中，有个学生说自己是在香港出生的，后面又有五个学生说自己是在香港出生的，于是我根据这个情况及时做出调整，把六个孩子叫到前面来，告诉学生：不论是在内地出生还是在香港出生，我们都是中国人。我觉得，对于广东地区的孩子来说，这样的主题具有特殊的意义。还有在写字环节，我本计划让学生把"中华人民共和国万岁，

王旭明执教《我是中国人》现场

世界人民大团结万岁"两句话也写上，但看到他们写"我上学了""我是中国人"都不太顺利，于是就减去了这项内容。

最后，从教学效果来看，尽管我这堂课上没有对学生进行课后检测，但是相信如果我再给学生另外一幅包含文字的图片，学生有能力从中找出语文学习的关键内容——文字。这也是我本堂课的教学重点，即让学生由读图到读字、识字，从而认识语言的魅力，感受语言的美。

简言之，就这堂课来说，依课标就体现在让学生真学语文上，具体表现在：让学生读书，而不是看视频；让学生看书，而不是听音乐；让学生真读书，而不是摆样子、假读书；让学生在识字写字中激发情感，而不是在音乐歌曲中煽情；让学生在识字写字中爱国，而不是在其他的行为中。概括起来，就是在学语文的过程中完成思想教育，用语文的方法解决语文的问题，融工具性与人文性于一体。

三

这两堂课绝不仅仅是简单的同课异构，其中涉及语文教育走向的大问题，这是今后我国两亿多中小学生该怎样上好语文课、几十万中小学语文教师该怎样教语文的大问题。该校之例经过宣传，影响甚大，以讹传讹、以谬传谬，则全国中小学教师教语文、学生学语文很可能会误入歧途。应该说，像某校这样的课堂教学并非个例，就我近年来观察到的课堂教学状况来看，不按课标上课、听课、评课的现象十分常见，片面、随意解读课标的情况相当普遍，这在一定程度上致使我国语文教师教学时不知所从、我国语文教育"乱象丛生"。不按照语文教育规律教学，教学背离"语"和"文"的特点，背离课程标准的基本要求，忽视语文课程工具性与人文性统一的特点，是当前语文课堂教学存在的最大问题，也是学校语文教育水平不高的重要原因。我之所以要专门上一堂同题的课，就是希望借此与广大语文同人探讨应该如何将课标精神落实在课堂教学中，把语文课上成语文课。

综合以上对两堂课的具体分析，我认为，以下几点尤为重要。

第一，将课标精神落实到课堂上，一定要突出"语"和"文"的内容，做到工具性与人文性的统一。课标在"课程性质"部分指出，"语文课程是一门学习语言文字运用的综合性、实践性课程"；在"课程基本理念"部分指出，要"全面提高学生的语文素养"；在"课程设计思路"部分指出，"应注重引导学生多读书、多积累，重视语言文字运用的实践，在实践中领悟文化内涵和语文应用规律"；在"总体目标与内容"部分指出，"目标的设计着眼于语文素养的整体提高"。从这些表述中不难看出，语文课程的重点应该在"语"和"文"，即听说读写上，把握好了这两个字，才能保证语文教育的方向不偏离其学科定位。同时我们要认识到，语文即人生，语文与人生密切相关，是其区别于其他学科的最大特点，因此，能从"人生与听说读写的结合"层面理解语文，是对语文教师最基本的要求。

有人说，把语文课上成语文课是不是就没有人文性或者要弱化人文性呢？事实证明绝对不是，不仅不是，而且恰恰相反，把语文课上成语文课是为了更好地实现语文课的人文性。语文课上的工具性与人文性不是对立的关系，或者说是对立统一的关系。如上文所述，在我执教的开学第一课上，既有语言训练，又有识字、写字教学，还有"我是中国人"这样鲜明的主题教育，但主题教育并不是直接告知或灌输给学生的，而是自然融入他们习语学文的过程之中。这样的思想渗透才是符合语文教育规律的，才是语文课上人文性应有的实现方式。同时需要明确的是，"语文课程丰富的人文内涵对学生精神世界的影响是广泛而深刻的"，"不能把小学阶段人文性的内涵过于缩小，仅仅局限于是非观，因为所谓人文性或人文精神，指的是一种普遍的人类的自我关怀，表现为对人的尊严、价值、命运的维系、追求和关切，对人类遗留下来的各种精神文化现象的高度珍视，对一种全面发展的理想人格的肯定和塑造，其目标是追求美和善，其核心是以人为本"；而这些情感、价值观的形成，绝非仅仅靠一味地宣讲就能得来，"语言是思想的物质外壳。所谓披文入情，就是先解决物质外壳层面的问题，然后才能深入探讨内蕴的思想情感"①。语言的性质既有语言形式，又有思想内涵。语言形式与思想内涵是一个统一体，离开语言谈思想，或离开思想谈语言，都是偏颇的。因此，把语文课上成语文课绝非否定或弱化语文的人文性，而是强调要用语文的方法，将人文性融于"语"和"文"之中，

---

① 倪文锦.我看工具性与人文性［J］.语文建设，2007（7）.

更好地发挥语文课程的育人价值。

还有人说，语文课上的立德树人只能像某校语文老师那样教。此话大错特错，上语文课的根本目的是用语文的方法解决立德树人的问题，而不是用其他的，比如音乐或思想品德课的方法解决立德树人的问题。立德树人不是语文课的"专任"，语文课上的立德树人要体现出学科自身的特点。正如钱梦龙先生所说："语文课程的'人文性'，不是外加的东西，而是不着痕迹地'内含'于学生的读、写、听、说语文实践之中……语文课程人文教育的最大特点是'润物细无声'，这一特点只有在一个综合的、立体的科学训练过程中才能真正体现出来。游离于学生读、写、听、说实践的人文教育，不是语文课程的人文教育。"②

值得提醒的，还有一些名头不小的专家。我曾听到一位专家以"立德树人是语文课根本宗旨和任务"为题培训教师，对不对呢？也对，也不对。对的是中国特色社会主义教育的根本宗旨和任务就是立德树人；不对的是，就不同学科甚至学段而言，应该用不同学科的学科规律和不同学段的学生成长成才规律去立德树人。更具体地说，语文课就是根据学生不同学段的认知能力，用语文的方法解决语文的问题，从而达到立德树人的目标。应该指出，用这种大而化之、似是而非的理论引导教师，更使广大一线语文教师不知所从，贻害不小。

**第二，将课标精神落实到课堂上，一定要重视学情，真正让学生学语文，让学生学真语文。** "语文课标是牵涉语文课程方方面面内容的一个结构性的体系，相对而言是属于宏观层面（当然也包含微观层面）的规章"③，是一段时期内国民语文素养培养的方向和目标，而具体的课堂教学则属于微观层面的操作，因此要将课标精神落实到课堂上，就一定要结合各个地区、学校乃至每个学生的情况，对课堂教学做出有针对性的调整。

想做到重学情，要把这一理念嵌入头脑中、融化在血液里、落实在课堂上。当然，仅有理念远远不够，还必须对学生的实际情况有准确的把握和判断，这就需要教师具备敏锐的判断力和把控力。有理念、有判断力还不够，还要有相当多的知识储备和技巧方法，才能做到随机应变，这个"机"，

② 钱梦龙.我和语文导读法［M］.北京：人民教育出版社，2005：35.
③ 倪文锦.教学有法，纲举目张——课堂教学落实课标精神之我见［J］.语文建设，2016（34）.

就是当时、当堂、当批学生千差万别的实际情况。教师的这种变通力不仅要体现在刚开始上课时，还要贯穿在整个教学过程中，随时调整、变化。

就我多年来听课的情况来看，我国中小学语文课堂教学不关注学情的情况是普遍存在的，甚至一些名师、大家的课，也都或多或少存在不重视学情的问题。比如，一堂课，不管是给城市的学生还是给农村的学生上，教学设计和内容基本是一样的；老师在课堂上特别重视表现好的学生，而对基础差或表现不好的学生则不闻不问等。这些现象反映出的问题，就是没有真正以学生为主体，教学没有为所有学生着想和服务，更多的还是教师教学能力的展示。这一问题在公开课上表现得尤为明显，因为其性质就决定了课堂或多或少存在表演的成分。为此，真语文活动下阶段的目标就是减少公开课、示范课的数量，更多地以推门听课或走进教室上课的方式进行，将对学生的干扰降到最低。同时，我也希望全国的语文教育研讨尽量少些公开课、示范课，让学生在其应在的学习环境中学习。

第三，将课标精神落实到课堂上，一定要坚持"一课一得，一得一测"。陶行知先生早在 20 世纪 60 年代就提出了"一课一得"的教育理念，要求一堂课学生学习上有收获，能理解一个问题、明白一个道理、掌握一种方法。有人说，某校语文老师的课上学生不也得到了爱国主义教育吗？不错，但这不是语文课的专任，而且这样的"得"是肤浅、低效的。语文课上的"得"应该是什么？课标明确指出，语文课程是一门学习语言文字运用的综合性、实践性课程，因此，语文课上的"得"应该是语文知识、技能和方法等的习得，情感的熏陶、精神的成长自然渗透其中。于漪先生说："学有所得，是课的质量的生命……学生学有所得，课堂有效，是教师教课的底线。"[④]今天我们再次强调"一课一得"，一方面是因为当前存在大量像某些学校教师开学第一课这样学生"无所得"的语文课，另一方面是因为当前还存在很多教学目标设定太过庞杂、教学环节设计过于饱满、恨不得学生把能学的都学了的语文课。后者明显也是不符合语文教育规律的。学生的语文知识、能力不是仅靠教师的教就能习得的，还需要大量反复的训练、运用。一堂课上安排的教学内容多了，学生练习的时间自然就少了，而这也是我

---

④　于漪.语文课堂教学有效性浅探［J］.课程·教材·教法，2009（6）.

们还要强调"一得一测"的重要原因之一。

一堂课不是说讲完就算了，还应该对学生的学习成果进行检测，而且学习成果要经得起检测。检测是对一堂课教学内容的梳理和巩固，教师借此一方面可对学生的所"得"进行巩固训练，另一方面可以了解学生是否掌握了这堂课的教学重点、难点及掌握得怎么样。吴忠豪教授曾提到，语文教师不能只是一篇篇地讲课文，而要用课文训练学生一到两个知识点。这篇课文讲了什么东西，那篇课文讲了什么内容，这样讲多少篇课文都是无效的。[5] 语文教师一定要结合课文的知识点来讲解，然后再用课文检测学生对知识点的掌握程度。因此我建议，一堂课上教师至少要拿出五分钟的时间进行检测，一堂课上得怎么样，检测一下学生就知道了。检测是教师对自身教学能力最好的衡量，也是改进教学一个最好的方法。如果一堂课讲完，教师不知道测什么、怎么测，这可能就是因为课堂上没有知识点，教师没有做到让学生有所得。"一课一得，得得相连"，学生的语文能力、素养才能在不断的积累中得到有效提升；"一得一测"，才能保证教学内容真正落到实处，保证学生学有所得，同时提升教师的教学水平。

此外，要将课标精神落实到课堂上，还必须处理好教学、教材、教师、评价的关系。我国中小学语文教育主要体现在教学、教材、教师、评价方面，教学是实现课程目标的抓手，教材是教学最重要的参考，教师是教学活动的组织者和引导者，评价则是检测教学活动是否实现课程目标的重要手段。它们就像语文教育的四轮，相互依存，相互作用，缺一不可。我们看到，课标在第三部分"实施建议"中有"教学建议""评价建议""教材编写建议"，且在每项中都对教师提出了明确要求。因此，要将课标精神落实到课堂上，就不能仅仅关注教学，还要在教材解读、教师成长、课程评价等方面下功夫。

特别值得注意的是，还有一些教师甚至教研员认为语文课想怎样上就怎样上，无一定之规、一定之法，看似有些道理，但我们仔细分析便不难看出其中的谬误。语文课有其教学方法多样和教学手段不同的特点，但这一特点不能与语文课自身的规律混淆。语文课自身的规律是什么？概言之，

---

⑤ 王旭明.给语文老师六条建议［N］.语言文字报，2016-08-12.

就是用"语"和"文"的方法教语文，实现工具性与人文性的统一。违反了这一规律，课上得再怎么新奇、热闹，都是不合格的，都不能说是真正的语文课。正如倪文锦教授所指出的："一讲'教无定法'，又认为只要语文课上讲语言、讲文字、讲文章，就是在教语文（不管如何讲、讲得怎样），主观任性，随意发挥，甚至张冠李戴，爱怎么教就怎么教。'教无定法'并非就是'运用之妙，存乎一心'，'只可意会，不可言传'。"[⑥]孟子说："大匠诲人必以规矩，学者亦必以规矩。"回到语文课堂上来，语文自身的规律就是教学的"规矩"，教师教学方法的多样、创新必须以此为基础。从这个意义上说，语文课不是想怎样上就怎样上，想上成什么样就上成什么样的课。语文课在坚持其自身规律和基本原则的前提下，方法可以是多样的，手段也可以是不同的，但必须针对不同地区、不同学生的具体情况来定。

课标是中小学施行语文教育最重要的依据，是语文教育最根本的标准，是语文教育最重要的"法律"，其对于指导学校语文教育的重要性不言而喻。从教学实践角度来看，只有用课标指导语文教学，才能保证语文教育的正确方向，保证大家在同一条道路上前行。今年，真语文活动提出了"落实课标精神，上合格语文课"的口号，而所谓"合格"，就是要达到课标最起码的要求。用课标指导语文教学，可以使大家在同一条路上，沿着正确的方向上合格语文课，实现我国语文教育水平的整体提高。

党的十九大强调，"努力让每个孩子都能享有公平而有质量的教育。"毋庸置疑，当前我国教育教学改革的重点是，以提高教学质量和人才培养质量为核心。当然如何提高质量值得研究，也允许探索，但不能以违反教育和人才成长基本规律，更不能以牺牲一代人为前提。我们之所以要强调"把语文课上成语文课"这句听起来是同义反复的废话，是因为不少学校的语文课还存在着严重问题，把语文课上成音乐课、思想品德课、主题班会课的情况还十分普遍，其无疑是违反教育和人才成长基本规律的。由此看，把语文课上成语文课不仅不是一句废话，而且必须讲、经常讲、不断讲，因为这是具有重大意义的主题。只有把语文课上成语文课，才能确保语文教学的质量，才能将语文教学的质量落到实处。在此，我再次呼吁，

⑥　倪文锦.教学有法，纲举目张——课堂教学落实课标精神之我见［J］.语文建设，2016（34）.

语文教师一定要将"把语文课上成语文课"当成自己的目标、不懈的追求，以课标为标，上好每一堂语文课。

（本文原载于《语言文字报》2017 年 11 月 10 日 1 版）

# 学习贯彻党的十九大精神，倡导并践行规范的语文教学

## ——四论"牢牢把握语文教育正确方向，将课标精神落到实处"

党的十九大是中国共产党在全面建成小康社会决胜阶段、中国特色社会主义进入新时代的关键时期召开的一次十分重要的大会，具有里程碑意义，对于新时代我国各项事业、各项工作的开展具有十分重要的指导意义。报告把发展教育事业作为改善民生之首，并对我国教育事业的发展提出了明确要求："要全面贯彻党的教育方针，落实立德树人根本任务，发展素质教育，推进教育公平，培养德智体美全面发展的社会主义建设者和接班人""努力让每个孩子都能享有公平而有质量的教育"。如何理解并落实党的十九大精神对教育的要求，把"努力让每个孩子都能享有公平而有质量的教育"理念落实到语文课堂教学中？这是每一个教育工作者，尤其是语文教育工作者应该认真思考并努力践行的问题。

一

对于如何理解并落实"努力让每个孩子都能享有公平而有质量的教育"的要求，我有以下几点体会。

**第一，从我国社会主要矛盾的新特点出发来谈公平。**党的十九大报告指出，我国社会主要矛盾已经转化为人民日益增长的美好生活需要和不平衡不充分的发展之间的矛盾。这一对社会主要矛盾的概括不仅有高度，而且接地气；不仅符合社会生活的实际，而且符合教育的实际，符合语文教育的实际。我认为，人民日益增长的美好生活需要，体现在语文教育上，就是人们在社会生活中对言语交际和表达的迫切需要，对各种文化生活的需求，这对语文教育提出了更高的要求。然而，整体来看，目前我国的语文教育发展存在不平衡、不充分的问题，不能满足受教育者对语文教育的这些需要。这种不平衡、不充分表现在我们对语文理解、认识的偏差和片面性上；表现在语文教学重书面、轻口头，以考试为指挥棒上；也表现在课堂教学中，教师重视优秀学生，忽视、轻视甚至蔑视差生上等。由此可见，发展语文教育，提高语文教育水平，满足社会生活对语文教育的需求，

是当前甚至今后一段时间语文教育的重要任务。

**第二，基于语文学科特点谈立德树人。**党的十九大强调，"落实立德树人根本任务。"作为中国特色社会主义教育的总体目标和根本目标，近年来，党和政府高度重视德育工作，在教育方针中把德育列在首位，并在党的十八大报告中首次把"立德树人"确立为教育的根本任务。习近平总书记曾多次强调立德树人的重要性。2013 年 9 月 9 日，他在致全国广大教师的慰问信中写道："希望全国广大教师牢固树立中国特色社会主义理想信念，带头践行社会主义核心价值观，自觉增强立德树人、教书育人的荣誉感和责任感，学为人师，行为世范，做学生健康成长的指导者和引路人。"①2014 年 9 月 9 日，习近平总书记在北京师范大学与师生座谈时指出："一个老师如果在是非、曲直、善恶、义利、得失等方面老出问题，怎么能担起立德树人的责任？广大教师必须率先垂范、以身作则，引导和帮助学生把握好人生方向，特别是引导和帮助青少年学生扣好人生的第一粒扣子。"②2016 年 12 月，在全国高校思想政治工作会议上，习近平总书记强调："要坚持把立德树人作为中心环节，把思想政治工作贯穿教育教学全过程，实现全程育人、全方位育人，努力开创我国高等教育事业发展新局面。"③立德树人是包括语文在内的所有学科教育的根本指导思想，而要完成立德树人这一教育的根本任务，离不开各个学科的共同努力。具体到语文学科，就是要用语文的方法，按照语文教育的规律实现立德树人。我们知道，语文学科在培养学生做人方面发挥着不可替代的重要作用，叶圣陶先生讲过，"学语文，就是学做人。"工具性与人文性统一的特点，决定了语文学科的立德树人要体现在具体的教学实践中，要有具体目标并遵循学科规律。把握不好分寸，就容易脱离工具性这个根基，成为思想品德课；过于强调工具性，则容易走向另一个极端，弱化语文教育的育人功能。我认为，应该特别强调，离开学科特点谈立德树人，背离教育规律和人才成长规律谈立德树人，就会流于表面和空喊口号。实践证明，空喊口号式地抓立德树人，效果并不好。

---

① 习近平向全国广大教师致慰问信［EB/OL］.新华网，2013-09-09.
② 习近平同北京师范大学师生代表座谈时的讲话［EB/OL］.新华网，2014-09-09.
③ 吴晶，胡浩.习近平：高校立身之本在于立德树人［N］.新华每日电讯，2016-12-08.

第三，语文教育现代化不能离开"语"和"文"。党的十九大明确提出，"必须把教育事业放在优先位置，加快教育现代化"。教育现代化是实现我国教育跨越式发展的必经之路，必由之路，也是必走之路，其意义重大而深刻。什么是教育现代化？北京师范大学顾明远教授有过清晰明白的论述，他说："教育现代化就是以现代信息社会为基础，以先进教育观念为指导，运用先进信息技术促进教育变革的过程。""教育现代化内涵十分丰富，包括观念、制度、内容、方法等多个层面。"④ 教育的现代化应是全方位的现代化，而不仅仅是教学设备、教育手段的现代化，其"灵魂是教育观念的现代化"⑤。当前，我们对教育现代化尤其是语文教育的现代化存在片面的理解，似乎教学用上多媒体设备就是现代化了，于是语文课堂上只见各类花样繁多的PPT、音乐、视频等，甚至喧宾夺主，却不见了"语"和"文"的踪影。这是语文教育的现代化吗？当然不是。必须承认，我们处于一个科技迅速发展的时代，现在很多学校教室都配有电脑、投影仪等电子设备，"互联网+教育"更是未来教育发展的趋势，但必须明确，就中小学语文课堂教学来说，任何教学手段的运用都必须符合学科特点。因此，语文教育的现代化不能以PPT代替教师的讲解，用视频取代学生对语言文字的品味，用录音代替学生朗读和教师范读，用大屏幕代替黑板和课本。相比教学手段的更新，语文教育的现代化更需要教师更新教学理念，加深对语文学科特点的认识，教师必须在课堂上写字、范读和讲解，这是语文学科教学不可或缺的内容，也是语文教育现代化的根本所在。

第四，将教育质量和教育公平摆在重要位置。党的十九大提出，"努力让每个孩子都能享有公平而有质量的教育。"近年来，党和政府高度重视教育公平和质量，把促进教育公平和提高教育质量作为对教育的基本要求。早在2010年发布的《国家中长期教育改革和发展规划纲要（2010—2020年）》在"工作方针"部分就明确提到，"把促进公平作为国家基本教育政策"，"把提高质量作为教育改革发展的核心任务"⑥。2015年党的十八届五中全会通过的《中共中央关于制定国民经济和社会发展第十三

---

④⑤　顾明远.教育观念现代化是教育现代化的灵魂［N］.人民日报，2016-01-31.

⑥　国家中长期教育改革和发展规划纲要（2010—2020年）［EB/OL］.中华人民共和国中央人民政府网，2010-07-29.

个五年规划的建议》强调："推动义务教育均衡发展，全面提高教育教学质量。""促进教育公平，加快城乡义务教育公办学校标准化建设，加强教师队伍特别是乡村教师队伍建设，推进城乡教师交流。"⑦今年9月，中共中央办公厅、国务院办公厅印发的《关于深化教育体制机制改革的意见》再次提出，"坚持以人民为中心，着眼促进教育公平、提高教育质量。"⑧此外，从近年来的政府工作报告来看，"教育公平、教育质量"也是高频词。比如，2014年政府工作报告中的"要促进教育事业优先发展、公平发展"，首次将教育"公平发展"与"优先发展"并列提出；2015年政府工作报告提出，"要保证投入，花好每一分钱，促进教育公平发展和质量提升"；2016年政府工作报告指出，"教育公平和质量明显提升"，同时强调要"发展更高质量更加公平的教育"；2017年政府工作报告又一次强调"发展更高质量更加公平的教育"。可以说，党的十九大再次强调教育公平和教育质量，是根据社会发展的新特点提出的，对于我国教育工作具有重要的指导意义。

我认为，教育的质量和公平，应该体现在以下几方面。

**一是只有尊重教育规律和人才成长规律，才能真正做到公平而有质量。**习近平总书记在中央全面深化改革领导小组第三十五次会议讨论教育改革和发展时强调，"使各级各类教育更加符合教育规律、更加符合人才成长规律，更能促进人的全面发展。"⑨"符合教育规律""符合人才成长规律"，这两个"符合"是教育发展的根本，决定着教育发展的方向。舍此，教育公平和质量无从谈起。值得注意的是，长期以来，不少学校和教育工作者把个别学生的成长经历转而覆盖到所有学生，甚至以某一个标准要求所有学生，这样的做法既不符合教育规律，对所有学生也不公平。

**二是教育公平就要面向全体学生，而不是面向少数学生，更不是面向个别学生。**这是尊重人人享有平等受教育权利的要求，是素质教育的应有之义，更是教育公平的根本和核心。翻开义务教育阶段各个学科的课程标准，不难发现"必须面向全体学生"都是其课程基本理念中的第一句话。从这

---

⑦ 中共中央关于制定国民经济和社会发展第十三个五年规划的建议［EB/OL］.新华网，2015-11-03.
⑧ 中办国办印发《关于深化教育体制机制改革的意见》［N］.人民日报，2017-09-25.
⑨ 习近平主持召开中央全面深化改革领导小组第三十五次会议［EB/OL］.新华社，2017-05-23.

个角度来看，作为教育工作者尤其是义务教育阶段的工作者，一定要在课堂上关注到每一个学生的成长，让每一个学生都学有所得，有所提升。

**三是有质量要体现在规范性上。"无规矩不成方圆"，没有规范，就无所谓课程。** 就语文课程来说，其规范性体现在哪里？就是国家制定的课程标准。一堂课是否规范，很大程度上取决于是否落实了课标要求。然而，从当前语文课堂的实际情况来看，我们的教学存在严重"失范"的问题。笔者曾在多地做过调查，执教老师知道课程标准相关要求的，甚少；能自觉运用课程标准教学的，几无。其导致的结果，就是越来越多的教师教学"跟着感觉走"，而不是用课程标准这把尺子来判断。因此我强调，提高教育质量的第一步，就是树立规范意识；最基本的要求，就是每个老师都必须掌握课标对各个学段、各个课型的基本要求，并在教学中自觉落实。只有这样，语文教育才不会偏离其基本方向，教育的质量才能得到整体提升。

**四是教育质量的提升还体现在教学方法、手段符合学科特点上。** 什么是语文？叶圣陶先生的概括最清楚不过了："平常说的话叫口头语言，写到纸面上叫书面语言。语就是口头语言，文就是书面语言。把口头语言和书面语言连在一起说，就叫语文。"[⑩]语文教学的目的，就是让学生"把'听''说''读''写'四项基本功学得更好"[⑪]。我觉得这个说法既简单又实用。教师要让每一个学生都记住学语就是学口头语，学文就是学书面文。近年来，各种各样的方式方法不断涌现，比如小组式讨论、研究式学习等，为教育注入了新风、活力；但必须明确，它们都只是语文学习方式的一种，而非全部；必须明确，讲授式学习仍然不过时，仍然是中华优秀母语教育文化传统，应当继承。

此外，我国中小学语文教育包括教学、教师、教材、评价等内容，它们之间相互依存、相互作用，缺一不可，共同推动着中小学语文教育的健康发展。因此，语文教育应该把党的十九大精神落实到教育教学的各个环节中去。

---

⑩　叶圣陶.认真学习语文［A］//中华函授学校编.语文学习讲座丛书（一）［M］.北京：商务印书馆，1980：3~4.

⑪　叶圣陶.认真地努力地把语文学好［A］//张定远主编.重读叶圣陶·走进新课标［M］.武汉：湖北教育出版社，2004：252~253.

## 二

　　具体到语文教学和语文课堂上，应如何学习和贯彻党的十九大精神，努力让每个孩子都享有公平而有质量的语文教育呢？**我认为，核心就是要用语文的方法教语文，用语文的方法实现立德树人。具体来说，语文教学内容的确定要依课标、持教材，语文教学方法的确定要重学情，语文教学最终的教学效果要体现在课堂检测上。在此基础上我提出，一堂合格的语文课必须讲规范。**这个规范是什么？

　　前段时间，我在董存瑞烈士的故乡河北省怀来县沙城四中执教了统编本教材七年级上册的《散步》一课，这堂课上我没有追求教学技巧，就是紧紧围绕课文讲了什么、是什么体裁、用什么结构和用什么方法四个环节展开。可以说，这四个环节并无特别之处，甚至极为普通，但都是这篇课文的教学避不开的核心问题，是对课标和教材要求最直观的呈现。上海市静安区教师进修学院教研员冯渊老师的课后点评可谓直中要害："阅读教学的目的不仅在于帮助学生了解、体会和掌握文本的内容、主旨及其蕴含的价值观，更在于引导学生在阅读这个文本的过程中获得阅读这一类文本的阅读技能、策略、方法和技巧。这是统编教材着力提倡的'讲读·自读·课外阅读三位一体'的阅读观，也是叶圣陶'教是为了不教'的原旨所在。在这样的背景下反观这堂课，授课者牢牢抓住两大核心内容——写了什么、怎么写的（对体裁和结构的把握也是为了回答'怎样写的'）。""优秀的、有个性的教师不会刻板遵从上面几个环节，但他们的教学不管从哪个角度切入，都一定会进入这些核心环节。"其实，这四个环节应该是阅读教学最基本的步骤，也是教语文最规范的步骤。学生在这堂课上学到了什么？他们知道了散文，知道了什么是"形散神不散"；还知道了结构，知道了引子；知道了短句、叙述、描写和对称句；还知道了用不同的题目给课文重新命名：一家人、四口之家、路上的故事、背上的世界……这些语文知识、方法、能力，才是语文课上应该教给学生的。然而，我们现在很多老师的课堂教学恰恰丢掉了这种规范，在一些旁逸斜出的地方下功夫。就课后与听课老师交流的情况来看，很多老师不懂甚至不知道什么是体裁、结构，不能不说是一种缺失。

　　因此，一堂课，教师必须让学生明确这篇课文"讲了什么"和"怎么讲的"

两个大问题。在怎么讲的问题上，必须讲字、词、句、层、段、篇、语、修、逻、文，必须讲体裁、结构，这是规范的基础，也是语文教师的基本功。我在近两年来的语文教学实践中发现，相当多的语文教师不具备这样的基本功，教师培训也没有相关内容，使得我们的语文课缩水现象十分严重，使得我们的语文课质量参差不齐。

那么，如何做到课堂教学的规范呢？具体需要从以下四方面来下功夫。

**第一，必须依课标。**2011 年版课程标准虽然是在党的十九大召开前制定的，但这个标准在很多方面体现了党的十九大精神，体现了立德树人的学科要求。比如，"工具性与人文性的统一，是语文课程的基本特点""九年义务教育阶段的语文课程，必须面向全体学生，使学生获得基本的语文素养""语文课程应该是开放而富有创新活力的。要尽可能满足不同地区、不同学校、不同学生的需求""课程目标从知识与能力、过程与方法、情感态度与价值观三方面设计。三者相互渗透，融为一体"等，这些论述无不鲜明地体现出党的十九大对教育提出的要求。语文教育工作者一定要高举课程标准这一大旗，统一认识，统一行动，将课标精神落实到课堂教学中，教实语文、教好语文。

**第二，必须持教材。**这里所说的教材，就是指统编本语文教材。从2019 年起，全国语文教学将全部使用统编本教材，如何用好统编本教材，是今后相当长一段时间内，摆在每个语文教师面前的重要而艰难的任务。而这一任务完成的好坏，直接决定了我国语文教育的整体水平和质量。

统编本语文教材从 2012 年启动编写，到 2017 年完成所有编写工作，历时五年，可以说动用了国内目前所能动用的最强大的编写力量。据教材总主编温儒敏先生介绍，统编本教材"从编写大纲和样张、征求意见、大纲送审，到进入编写，广泛征求意见，确定选文，反复讨论和调整体例框架，编写导语、习题，先后集中全组讨论就有十几次，分头开会研讨的次数更不计其数。起始年级初稿出来后，严格把关，先后经过十四轮评审，包括学科评审（看内容的科学性、适切性）、综合评审（相关学科配合及各学段衔接）、专题评审（重点请外交、测绘等部门审查有关主权、边疆海域问题，以及请相关部门审查重大事件、重要人物）和终审（全面落实价值观的情况）这四个环节。还送一百名基层的特级教师提意见，最后才提交给教育部……"⑫。与其说这套教材有什么创新，不如说这套教材是语文教育常识的回归。比如，先识字再学拼音的设置。尽管近几十年才出现"语文教育"这个词，有汉语拼音也不过是几十年的事情，但是真正的语文教育有几千年的历史。我们的祖先、前贤、历代人的识字，都不是先学拼音再学识字，当然一开始也没有拼音，后来才开始先学拼音再识字，这不能说不对，但是我个人更主张先学识字再学拼音。再比如，加大了古代诗文的比重，也是一个常识，无须多讲。此外，统编本教材在编排上还有一个重大的改变，就是很大程度上消除了主题组元的弊端，在主题组元的同时新增了一条暗线——语文知识体系，这条暗线在以前各版本教材中都是没有的。此外还更加强调课型的区分、更加重视口语内容，等等。这些变化使得这套教材更加符合课标要求，更加符合语文教育规律。应该说，这套教材是国内目前最好、最权威的语文教材，但必须认识到，好教材的关键还在要用得好。正如温儒敏先生反复强调的，编好教材只是迈出了第一步，教材好不好不是编写者说了算，而是要看使用者。

然而，就我近半年来听课所见，不少老师不会用这套教材，不少名师不爱用这套教材，很多老师讲完课后，学生不会做课后练习。也就是说，在实际的教学实践中，这套教材并没有完全发挥出其应有的价值。

如何用统编本教材上好语文课呢？我想提几点建议。一是一定要引导学生读书。温儒敏先生在谈到教材特点时说："有一篇报道说，部编本语文是'专治少读书、不读书的'。我很赞赏这个说法。那么使用新教材，推进教学改革，我说了很多，最重要的是什么？我看就是回到原点，请老师带头多读书。"⑬我十分赞同温先生的话，我以为，多读书的第一步，也是最关键的一步，是读好教材这本书。通过读教材教给学生读书的方法，引导学生用这些方法在课外读更多的书，真正做到课内外紧密结合学语文。二是一定要树立体裁意识。温儒敏先生说："不管学什么文体，无论小说、散文、诗歌、童话、议论文、科技文，全都用差不多的程序和讲法。有的上诗词课，也要分析主题意义，上童话课，就和小说差不多，还是人物性格、

---

⑫　温儒敏．"部编本"语文教材的编写理念、特色与使用建议［J］．课程·教材·教法，2016（11）．
⑬⑭　参见温儒敏新浪博客《如何用好部编本小学语文教材》．

艺术手法等。不同的文体课型应当有变化。何况课型不变化，没有节奏，老是那一套，学生怎能不腻味？"⑭文本教学一定要讲体裁，而且针对不同文本的课型，教学方式一定要有所变化。然而不少语文老师缺乏体裁知识和体裁意识，不管教什么体裁的文章，都是说"这篇课文"，这是不恰当的。当然，这跟我们长期不重视这方面的内容有很大关系。现在语文老师一定要补上这一课，在教学中一定要有所改变，明确告诉学生"这是一篇诗歌""这是一篇寓言""这是一篇童话"等。三是一定要有结构意识，从结构入手，理解全文。四是一定要注意教学解读与个体解读、文学解读等的区别，对语文教学来说，教学解读比个体解读、文学解读等的意义要大得多。五是一定要注意教材与生活的联系。无论是识字、阅读、写作还是口语交际，一定要与生活紧密结合起来。与生活紧密结合地用教材、教语文，就是活语文，反之则是死语文。

第三，必须重学情。在全国两亿多中小学生都用同一套语文教材的情况下，教师对本地、本校、本班学情的把握就显得尤为重要。因此，教师在备课、教学的过程中，一定要紧紧抓住"学情"这一根弦，随机应变，将之贯穿课堂始终。我们所说的重学情，是真重学情，不是假的、表演出来的重学情。然而，就我多年来听课的情况看，现在我国语文课堂教学不关注学情的情况十分普遍，教师大都按自己习惯的套路、方法、节奏来讲课，甚至一些名师、大家的课也或多或少地存在这一问题。城市学校与农村、山区学校的学生情况是有很大差异的，甚至同为城市学校的学生，学情也存在差异，忽视这种差异，课堂上知识点、重点、难点和关键点的选择如何体现出针对性？还有，一些老师在课堂上特别重视表现好的学生，而对基础差或表现不好的学生则不闻不问，这一现象在公开课上表现得尤为明显。在这里必须强调，学生情况千差万别，用一个学生的标准要求所有学生，既不公平，更谈不上有质量；各种公开课、表演课、让学生演练了多遍的课，对学生既不公平，更谈不上有质量。

这些现象反映出的问题，就是没有真正以学生为主体，教学没有为所有学生着想和服务，更多的还是教师教学能力的展示。当然，这与公开课、示范课的性质分不开，其主要是展示给听课教师看的，不可避免地会带有表演成分。然而，从学生学的角度来看，这样的"表演"对他们是公平而有质量的吗？答案是否定的。因此，我特别不赞成让孩子当演员、教师当主角的所谓公开课、示范课和赛课等，但不少教育行政部门、学校以及协会、学会热衷于此，一些所谓语文大师也热衷于此。这一趋势应该扭转了。孩子是接受教育的主体，我们不能因为大人的某些需要就拉他们来演戏，可以说，这是最典型的非教育、反教育行为。据我所知，世界上其他国家和地区的中小学母语教育少有像我国这种形式的公开课、示范课。如果是为了达到交流学习的目的，就目前的科技来说，把教师在课堂上的教学情景实时投放到会场大屏幕上，并没有什么难度。为什么一定要把学生集中到一个本不是他们应在的学习环境中，成全教师的"表演"呢？因此，我呼吁全国的语文教育少些公开课、表演课、赛课，还学生一个正常的、公平的学习环境。

什么是真正的重学情？举一个简单的例子吧。我在一次培训中听一位老师谈到，他所在的乡村中学，孩子不会数数，因此他的开学第一课，用了整整一节课的时间教孩子怎么数数，把课本上的五十六个孩子数清楚，并且会标上数字。我十分赞赏这位老师的做法。这种重学情用教材的做法，看似慢，却真正落在了实处，真正让学生有所得。

**第四，必须可检测。**让课堂上每个学生有所得，是党的十九大精神的要求，也是一堂课的生命。检测是对一堂课教学内容的梳理和巩固，教师借此一方面可对学生的所得进行巩固训练；另一方面可以了解学生是否掌握了这堂课的教学重点、难点，掌握得怎么样。因此，一堂课上完，必须对学生的学习成果进行检测。检测的方法很多，如何更合理、科学地检测学生的学习成果，需要我们不断探索和实践，但最基本的要求，就是百分之八十以上的学生会做课后的练习题。这就要求教师课堂上一定要结合课文的知识点来讲解，然后再用课文检测学生对知识点的掌握程度。我建议，一堂课上教师至少要拿出五分钟进行检测，一堂课上得怎么样，检测一下学生就知道了。只有坚持"一课一得"，学生的语文能力、素养才能在不断的积累中得到有效提升；只有坚持"一得一测"，才能保证教学内容真正落到实处，保证学生学有所得，保证课堂教学的质量。

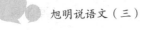

# 三

公平与有质量的前提是整体的提高，没有整体的提高是不可能做到公平与有质量的；而整体的提高离不开每一位语文教师教学水平的提高，或者说要先让大部分甚至全体老师都达到合格水平。什么是合格？合格就是符合规范，而且首先是规范。为什么这么说呢？

必须承认，每篇课文都有多种解读的可能性，但我们绝不能因此就认为语文课想怎样上就怎样上。语文课上的文本解读有其特殊性，也有其目的性，即通过一篇篇课文教给学生语文知识，培养其语文素养。从这个角度来看，每篇课文都应该有特定的教学目标，这个目标需要结合课标和教材要求以及学情来具体确定，绝不是想教什么就教什么。这就是语文教学的规范性。具体到一堂课上，我认为"规范"的标准是：根据课标要求，确定课型，讲清体裁，讲清主题，讲清结构，讲清字、词、句、层、段、篇，讲清手法（语、修、逻、文），讲清运用。可以说，一堂课把这些内容教给了学生，就是合格的语文课。在此基础上，教师可以有所发挥，有所创造；但必须强调，只有在规范基础上的发挥、创造，才能不背离语文教育的方向，才是有意义的。

**大家不要小看合格，也不要轻视合格，一个群体合格率的提升才真正是质量的提高和内涵的增加。**不可否认，我们需要优秀语文教师的课，因为他们让我们看到了语文教学的高标准和可能性，这是促进学科理念发展的关键；但我们更需要无数普通语文教师的合格语文课，因为他们才是一个国家语文教育水平整体提升的核心。因此，我们一定要把注重个别先进与注重整体合格紧密结合起来，当下尤其要把整体合格作为重要的方面。

真语文活动开展五年来，以求真务实为基本原则，以提高课堂教学质量为核心目标，在全国开展了近50场活动，参与教师数万人次，可以说取得了初步的成果。五年来，从小学到中学，不少名师加入真语文团队，通过他们的语文教育实践，有力地诠释着真语文理念。然而，不得不承认的一个事实是，这些名师讲课时台下赞叹羡慕者多、立志学习者也不少，而学成者寥寥。其原因可能有许多，但我想最主要的是大师们的课大都印有明显的个性特征，他们的课堂教学从内容安排到环节设置，从授课语言到教学机智都太高超了，并非简单模仿所能学来的。当下不少语文教师，进步和改变的欲望很强烈，恨不得一下子就达到他们敬佩的大师的境界，于是在怎么提问、怎么激趣、怎么设悬念上下足了功夫，却不在大的方向上，比如语文课应该上成语文课这样的带有方向性的问题上下功夫，结果反而是越学越糟。

如何让广大一线教师普遍提高教学水平，提高课堂教学质量呢？我在2016 年开始重返讲台执教示范课，希望通过自己可学、能学的"合格语文课"，抛砖引玉，使老师们能在方向正确的基础上，向着大师的"玉"努力。毫无疑问，我的示范课存在很多不足和毛病；但同样毫无疑问，我的示范课是真语文示范课。为什么这么说呢？因为我的示范课的标准是：一定是符合课标要求的语文课，是符合课标要求且与使用版本教材相一致的语文课，是学生当堂有所学、可检测、至少会做书后练习的语文课。我追求的示范课目标是让绝大部分语文老师可看、可学、有抓手；我示范的重点是给老师们指明方向和提供路子，无论是有一定教学经验的老教师，还是刚刚工作的年轻教师，都能沿着一个共同的方向前进；我的示范课立足于用教材，以课文为例进行语文教学。绝大部分语文教师都成为大师不仅不现实，而且不可能，而绝大多数教师像我这样实实在在地上语文课则是完全现实和可能的。

在听了数百堂中小学语文课，尤其是自己上了几次示范课后，我常常思考这样一个问题：全国的语文老师共通的语文教学之路应该怎样走？我认为，作为学校的语文老师，首先需要按照国家制定的课标和教材要求，老老实实地用好教材，上规范的语文课。不少人认为语文课想怎么教就怎么教，没有标准，没有规矩，没有刚性要求，也没有检测手段，这其实是一个误区。我再次强调，作为母语教育的语文课，有其内在的规律，有国家标准，也有教材要求，最基本的规范就是按照国家制定的课标和教材要求，老老实实地上好每一堂语文课。怎样才算一堂好的语文课？不是天马行空、任人评说，也不是花样翻新、人云亦云，而是用课标这个准绳来衡量。

基于以上实践和思考，今年年初，我们又提出了"当合格语文教师，上合格语文课"的口号，即真语文不追求优秀，只追求合格；优秀当然更好，但合格应当是每一位语文老师的"天职"。要落实立德树人根本任务，努力让每个孩子都能享有公平而有质量的教育，就必须在教师整体教学水平和能力的提高上下功夫，首先要解决的就是培养一大批合格语文教师。只有如此，语文学科的育人功能才能得到充分发挥，才能解决语文教育发展不平衡、不充分的问题，满足人们在社会生活中对语文教育的需求，也才能真正实现语文教育的现代化，落实立德树人的根本任务。

因此，真语文下一阶段的目标，就是要在党的十九大精神指引下，用五年的时间，培养十万名依课标、持教材、重学情、可检测、讲规范的合格语文老师，为我国母语教育的整体提升而努力。

（本文原载于《语言文字报》2017 年 12 月 8 日 1 版）

# 用好统编教材，将立德树人落到实处

日前，教育部召开新闻发布会，正式宣布从今年 9 月 1 日新学期开始，全国所有地区小学一年级和初中一年级统一使用统编义务教育道德与法治、语文、历史三科教材。2018 年，三科统编教材将覆盖小学与初中的一、二年级；2019 年，所有年级全部使用统编教材。全国所有地区的中小学校统一使用三科统编教材，这是我国教材史上又一次重大和重要的变革，具有标志性意义。

如何用好三科统编教材，恐怕是从现在开始到今后相当长的一段时间内，我们面临的重要而艰难的任务。我认为其重要和艰难程度远远超过编写教材之重、之难。

如何用好三科统编教材呢？我认为至少应把握以下四个最基本的原则。一是删繁就简，把教材最核心、最关键的部分和使用者应掌握的最重要的内容，准确无误地传达给教师。之所以强调删繁就简，是因为我听过的不少培训中，很多教研员和教学专家特别喜欢把简单的事物说复杂，把复杂的事物说得更复杂，这让广大一线教师不知从何抓起，造成理解上的偏差和操作上的失误。教材编写者和辅导者，一定要用最简单、通俗、明白的语言，引导教师理解三科统编教材的"纲"和"魂"，尽可能准确地把握教材特点。二是针对学情、突出运用，反对千篇一律地照搬某种模式和方法。我国两亿多中小学生分散在不同地区，学生情况之复杂决定了教材使用者必须根据不同的学情确定教学重点和教学内容，而不能照搬、套用某种模式或方法，更不能用行政手段强推某种所谓的教学方法或理念。三是慎用PPT，警惕在教育现代化的旗号下干违反教育规律的事情。三科统编教材都属文科类，都是立德树人的核心课程，具有强大的"攻心"作用。在使用这三科教材时，尤其应强调以 PPT 和其他多媒体手段为辅，以教师的语言传授和逻辑演绎为主，不能直接把优秀教师的课件照搬到课堂上，简单放映和机械使用。必须认识到，教育现代化的核心是教师和学生思想的现代化，而不仅仅是教学方式和手段的现代化。四是一定要按照教学规律使用好三科统编教材。三科统编教材，与非统编教材，尽管在编写方式、手段和内容上有所不同，但教书育人的规律是一致的，多读书、善启发和因人施教、因材施教等教学规律，适用于所有教材的使用。我们不能违背教育教学规律去进行教学，如果那样，即使我们用了三科统编教材，教学效果也会很差。

当然，仅仅掌握这些基本原则还远远不够。使用好三科教材，需要广大教师尤其是一线从教者，焕发内心的积极性和强烈的敬业精神，发挥自己的智慧与才华。建议教材编写者轻易不要到处做报告、开展辅导，或是以裁判的方式指点江山。统编本语文教材总主编、北京大学教授温儒敏先生十分清醒，他在多种场合反复强调，编好教材只是迈出了第一步，教材好不好，关键不是教材编写者说了算，而是要看使用者。温先生对使用者的特别忠告并不多余，因为不少教材编写者以功臣自居，把自己自觉或不自觉地凌驾于广大一线教师之上。

总之，让我们共同努力，在使用三科统编教材这一大政已定的背景下，积极摸索和探讨使用好教材的思路和方法，警惕各种各样名目繁多的辅导，将三科教材真正用好，为立德树人做出实实在在的贡献。

（本文原载于"一点资讯"网 2017 年 8 月 30 日）

# 依课标 重学情 找重点 可检测

## ——谈真语文理念指导下的教材使用

当前，国家政策对语文教材改革做了重大调整。2017 年、2018 年，不少地方将出现同一学校使用"部编本"和不同出版社原版本、修订本三种语文教材的现象。面对如此复杂的情况，如何用好教材显得尤为重要和迫切。我给老师们的建议是：在真语文理念指导下用好教材，努力上合格的语文课。下面从六方面来谈。

**第一，语文老师必须提高对语文教育重要性的认识。**教育部语言文字应用管理司原司长姚喜双曾在《人民日报》发表文章说："语言作为国家和民族的象征，既是国家发展的硬实力，也是国家强大的软实力，国家语言能力水平的高低影响着国家整体实力的强弱。"[①]语文是教学生运用语言文字、培养学生语言素养的学科，因此，语文教育的重要性是排在各学科教育之首的。每一个中国人可以学不好其他学科，但必须学好语文。

从课程标准来看，语文课在帮助学好其他课程，形成正确"三观"，良好个性与健全人格，促进人的全面发展、终身发展三方面，具有基础性作用，其他任何学科都不具备这样的作用。同时，语文课在继承中华优秀传统文化以及优秀革命传统两方面，也具有其他学科不可替代的优势。语文教育如此重要，因此每一位语文老师对自己所从事的工作都应该特别重视。

**第二，在真语文理念指导下开展教学。**语文教育是如此重要，因此我们提出真语文理念，并在全国各地开展真语文活动，倡导语文教学返璞归真。真语文是一种理念，不是一个流派，也不是一种方法。真语文有两个源头：一是党的十八大之后，党中央提出的"求真务实"思想路线；二是陶行知先生的教育思想——"千教万教教人求真，千学万学学做真人"。真语文的核心要求是：说真话，学说真话；写真文，学写真文；诉真情，学诉真情；做真人，学做真人。基本要求是：以语言为核心，以语文活动为主体，以语文综合素养的提高为目的；语文课一定要培养学生自然、健康的表达习惯，一定要培养学生自由、个性的心理品质，一定要培养学生独立创造的

---

① 姚喜双. 语言是打开未来之门的钥匙［N］. 人民日报，2015-09-15.

人格特征；语文课要让学生具备一定的逻辑思维能力，让学生学习并传承中华优秀传统文化。真语文的具体要求是要以语言文字的基本元素为基础，以字、词、句、段、篇、语、修（修辞）、逻（逻辑）、文为主要训练手段，以追求语文工具性与人文性统一为全过程，以促进学生和谐语文生活为终极目标。这一语文教育观可以指导包括教学、教材、教师、评价在内的语文教育所有相关环节。

第三，真语文就是按照母语教育规律开展教育教学的语文。任何事物的运转都有规则，语文教育也有语文教育的规则。《义务教育语文课程标准（2011年版）》将语文课程性质定位为"工具性与人文性的统一"，这是对母语教育规律的准确把握与体现。这里的核心词是"统一"，在"统一"上下功夫，应当是每一位语文老师始终追求的目标，也是合格语文老师的基本标准。我们当下的主要问题，就是如何将课标精神融入学校语文教育的各个环节。语文老师必须按照课标中对语文课程属性的定位进行语文教育。

第四，真语文理念是基于我国语文教育现状提出的。当前，学校的语文课堂教学存在种种弊端，比如将语文课讲成纯工具课，或讲成思想教育课、主题班会、音乐课、历史课、校本课等；老师将自己对语文的理解或某一流派之见，贯穿于语文课堂教学中等。我们不赞成在语文前面加上各种修饰语，以取代语文本体。语文确有诗意、逻辑、主题、生命意义、哲理等，但绝不能因此将语文称为"诗意语文""逻辑语文""主题语文""生命语文""哲理语文"等。

当前要特别注意两种倾向。一种是一些在社会上颇有影响的"语文大师"将自己对语文的理解凌驾于课程标准之上，"流派化"语文干扰了学校语文教育的正常开展。由于这些"名师"的个人影响，这在社会上造成很大的负面影响。另一种是学校语文教育不按照课程标准要求组织教学、评估和检查，将课程标准束之高阁，我行我素。

第五，当前语文老师最重要、最神圣的任务和使命是用好教材，上好每一堂语文课。教材是语文教学的重要依据、抓手和平台。每一位语文老师都要用国家指定的语文教材上好课。在国家教材政策有重大调整的情况下，用好教材显得尤为重要。如何用好教材？我们提出十二字基本方法：

依课标、重学情、找重点、可检测。

同时，我们应当认识到，编教材与用教材同等重要。使用教材的原则不仅仅包括对教材的准确理解，还应该包括对教材内容的解读，它应该是化繁为简、变重为轻、由难转易，便于一线教师实际操作，便于一线教师进行课堂教学。教材编写者应在指导教师用教材的"用"上下真功夫。

**第六，努力上合格的语文课，做合格的语文老师**。什么是合格的语文老师？我认为基本标准是：将每一堂语文课自觉上成工具性与人文性统一的课。核心标准是：为学生形成正确的世界观、人生观、价值观，形成良好的个性和健全的人格打下基础；引导学生说真话、学说真话，写真文、学写真文，诉真情、学诉真情，做真人、学做真人。具体标准是：根据课标中不同学段的要求讲清体裁、结构、主题、手法、运用。教师要有以下基本功：写字（粉笔字、硬笔字、毛笔字）、朗读、讲故事、写下水文（诗、词）、熟练体态语言和教学技巧等。

合格是一个语文老师的基本标准。可以肯定地说，成为"大师"的永远是个别人，成为优秀的永远是少数人，而最具普遍意义的、面向绝大多数老师的是合格。不要小看合格，也不要轻视合格。只有语文老师群体合格率提升，才会有语文教育质量的提高和内涵的增加。

小学对一个人的成长至关重要，对一个人的母语应用能力之开启和发展也尤为关键。中国母语教育的未来在今天的小学生身上。这也意味着，今天的小学语文老师责任重大。让我们为当一名合格的语文老师而骄傲，让我们为上一堂合格的语文课而自豪，让我们为语文教育的美好明天而共同努力！

（本文原载于《语言文字报》2017年7月21日1版）

# 合格语文课"四思"

真语文开展近五年来，首次以送教的形式开展活动。今年我们一直在思考：真语文下一步怎么走？如果说前五年，真语文最大的成就是唤醒了语文教师自己的觉悟，那么之后真语文要更扎实、更深入地在"一地一校"推进和开展，真正将理念落到实处，培养大量合格语文教师。此次活动就是一次新尝试。对于如何上合格语文课，我想谈四方面的思考。

第一，语文是什么？这是每个语文教师都应该思考并明白的。在我看来，语文包括两方面内容。一方面，语文即人生，语文与人生密切相关。我非常反对把语文讲成纯知识课，语文区别于其他学科的最大特点就是其人文性非常突出。另一方面，语文就是听说读写，这是其工具性的内容。能从"人生和听说读写的结合"的层面理解语文，是对语文教师最基本的要求，而且对一般语文教师来说，以这一理解为基础，就足以上好语文课。

2017年9月13日，真语文五周年之公益行送教广东省
江门市新会区圭峰小学活动中，王旭明为参会教师做报告。

第二，语文教什么？我认为也可概括为两方面：教人生，教听说读写。具体来说，就是在"听、说、读、写"的旗帜下，教字、词、句、语法、文学、逻辑、修辞、体裁、题材、结构等。这是我们语文教师的看家本领，现在却普遍不受重视。我曾考查过一些语文老师，问他们一篇文章分为几部分、各部分之间是什么关系，很多人说不出来。因此，"语文教什么"始终是真语文活动的一项重要内容。

第三，怎么教语文？真语文今年提出了一个新目标，即当合格语文老师，上合格语文课，为提升我国语文教育合格率努力奋斗。不要轻视合格，只有语文教师群体、语文课堂教学整体合格率提升，才会有语文教育质量的提高和内涵的增加；而只要接受了语文教学的基本训练，按照课标要求上课，每一个语文老师都可以达到合格的标准。怎么做到合格呢？依课标、重学情、找重点、可检测。需要注意的是，现在的语文课堂评价普遍不具体，比如常见的作文评语"主题突出""形象生动"等都是典型的空话，这样的评价毫无作用，而且是不负责任的。

第四，如何用好教材？这是每个老师面临的最突出的问题。我针对刚才老师们提出的问题简单讲几点。一是关于识字，拼音只是识字方法之一，千万别把它当作唯一的办法。一些老师对拼音教得太细，这是违反课标的，课标对拼音的要求是很低、很基本的。此外，识字是不断反复、巩固的过程，不要过分强调通过一节课对某个字一定要掌握到什么程度。二是关于文本解读，现在有一个很不好的趋势——不对课文讲出点深意、新意来，就不是好老师。我们一定要清楚教学解读、个体解读、文学解读等的区别，对于中小学语文教师来说，需要的只是教学解读。至于专家、教授的解读，我们可以有所了解，但千万不能将其作为教学的追求。三是语文和生活紧密相连，要用好教材，一定要注意将之与生活紧密结合。与生活紧密结合地教语文、学语文，就是活语文，反之就是死语文。

语文老师是最幸福的老师，为什么这么说？因为教语文一方面可以丰富别人，提高别人；一方面又可以丰富自己，提高自己。对于语文老师来说，最重要的就是寻到一条正确的路，我认为，这条路就是当合格的老师，上合格的语文课，选择适宜自己的发展方向。

（本文原载于《语言文字报》2017年9月20日1版）

# 上好每一堂小学语文课

去年，我重新走上讲台，并开始讲小学语文课。我为什么这么做？就是想用事实告诉大家，只要严格按照标准，像我这样没有小学语文教学经验的人，也能够上一堂合格的小学语文课。那么，合格的课标准是什么？十二个字：依课标、持教材、重学情、可检测。在此基础上，我想再强调以下几点。

**一是关于读书。** 统编本教材总主编温儒敏先生谈到新版语文教材时特别强调，以读书为主、读书为要。他说，对中小学生来说，掌握阅读方法是基本的语文素养。我十分赞同他的观点。谈到读书，我们常常理解为课下的读书，而忽视了课上的读书。我认为要读好书，要先读好教材。通过读教材教给学生读书的方法，引导学生用这些方法在课下读更多的书，真正做到课内外紧密结合学语文。

**二是关于体裁。** 温儒敏先生说过，不管什么文体，小说、诗歌、散文、议论文，老师都用差不多的讲法，讲古诗词也要分析主题，讲童话也要分析人物，学生怎能不厌烦？我们现在太不重视体裁，特别是小学语文老师，上来就说"这篇课文"，我认为这是不正确的。课文体裁是古诗，就要跟学生说"这首古诗"；体裁是说明文，就说"这篇说明文"，让学生从小就有体裁的概念。文本教学一定要从体裁开始讲起，而且针对不同文体的课型，教学方式应当有变化。如今许多语文老师奇缺体裁知识，正是我们长期不重视这方面的内容所导致的。我希望大家补上这一课。

我在教学一线了解和看到的情况还有，不少老师对自己所教篇目的体裁及要求，尤其是不同学段的教学要求不大清楚。这是我国学校语文教育水平长期不高的重要原因。学习母语不仅是识字、读音，还要学写文章。写文章不是提笔就写，一定要根据时间、地点、对象、场合和要求确定文章体裁。这是语文学习的基本常识，也是学习者的基本素养。

**三是关于想象。** 想象力是人发挥创造性的源泉，可以让我们畅游虚拟世界，实现现实世界中难以实现的梦想。当下，学生特别缺乏想象力，因此老师要注意培养他们的这种能力。如果把每一课都当成一般的课文讲，学生的想象力从何而来？我认为，凡是诗歌、童话、寓言等文学性体裁，都要有培养学生想象力的教学环节。

**四是关于教参使用**。教参是教学参考，而不是教学依凭。老师教学真正、唯一的依凭只有课标。我们要善于借鉴教参，但不能全盘照搬，而是要有取舍，并有勇气否定教参中不合理的内容，这样才能做到科学使用教参。现在很多老师把教参当教材用，总强调教参中是怎么说、怎么写的，这是很不好的倾向。一定要记住，教参不是圣旨，只是比较好的教学参考。对教参中所附的教学设计更要谨慎借鉴，不能照搬，更不能以其为标准。真正的语文课应是"依课标、持教材、重学情、可检测"的，有教师预设，也有课堂生成，哪怕环节推进得磕磕绊绊，也是在真正学语文。

小学对一个人的成长至关重要，对一个人的母语能力之开启和发展也尤为关键。中国母语教育更加美好的未来在今天的小学生身上，也在今天的小学语文教师身上。让我们共同为上好每一堂合格的语文课，做合格的语文老师而努力！让我们共同为小学语文教育美好的明天而努力！

（本文原载于《语言文字报》2017 年 11 月 22 日 1 版）

# 如何听、评真语文课

2018 年是改革开放四十周年。四十年前，钱学森先生提出了一个著名的问题："为什么我们的学校总是培养不出杰出人才？"这也就是大家熟知的"钱学森之问"。[①] 很多人可能不清楚，同样在四十年前，著名语言学家吕叔湘先生也提出了一个"语文之问"。吕先生指出，中小学语文教学效果很差，中学毕业生语文水平低，大家都知道，但是对于少、慢、差、费的严重程度，恐怕还认识不足。中小学语文课所用教学时间在各门课程中历来居首位，十年的时间，两千七百多课时，用来学本国语文，大多数学生语文水平却不过关。于是，他提出：语文教育的收效问题"是不是应该引起大家的重视？是不是应该研究研究如何提高语文教学的效率，用较少的时间取得较好的成绩[②]？"如今，四十年过去了，遗憾地说，这个问题仍然存在，仍然需要我们认真思考。

2018 年 9 月 18 日，全国真语文双线统一教学活动（汉中站）期间，王旭明做《如何听、评真语文课》报告。

---

① 沈正赋等.让我们直面"钱学森之问"！[N].新安晚报，2009-11-11.
② 吕叔湘.当前语文教学中两个迫切问题[N].人民日报，1978-03-16.

　　针对"吕叔湘之问"，我们倡议，广大语文教师要按照母语教育规律教给学生工具性与人文性相统一的、真实真正的语文。这句话说来简单，要做到着实不易，尤其是落实工具性与人文性统一方面。我们希望广大语文教师能够"上合格的语文课，当合格的语文老师"。那么，什么叫合格？有没有标准？我们的标准就是十二个字：依课标、持教材、重学情、可检测。这十二个字，既是老师们上合格语文课的标准，也是老师们听、评合格语文课的准绳。下面，我具体阐述如何遵循十二字标准和"双线统一"理念来听、评合格语文课。

　　第一，依课标，即这堂课是如何体现课程标准精神的。现阶段，国家颁布的《义务教育语文课程标准（2011年版）》是全国中小学语文教师必须遵照的标准，这一点毋庸置疑。这个标准有四个维度：总体要求、学段要求、教学建议和评价建议。此次汉中站活动我执教的课是二年级上册的《曹冲称象》，该课共两课时，所执教班级的学生在昨天已经完成了第一课时，我来完成第二课时。第二课时的总体要求、学段要求、教学建议和评价建议，课标中有明确要求，我不再赘述。我会按照这四个维度来上课，也希望大家能够从这四个维度来听课、评课。

　　第二，持教材。自2019年9月1日起，我国中小学生将全部使用由国家审定、教育部编写的义务教育统编语文教材，如何用好这套教材，已经成为中小学语文教师不可忽视的问题。目前，一、二、七、八年级学生已开始使用这套教材，此次活动安排的公开课都集中于这四个年级。

　　如何评价一堂课是否做到了持教材？首先，要看教师讲的内容是不是教材里的内容。一些优秀教师自己选材上课，或许对学生的学习很有利，但这不是每位老师都能做到的。我们要求普通教师一定要讲教材里的内容。其次，要看教师有没有让学生看书。注意，看书而不是看PPT、课件、视频。最后，要看教师有没有教给学生读教材的方法。统编本语文教材总主编温儒敏先生说过，与以往教材相比，新教材更加重视引导学生多读书。怎么多读书？首要的就是读好教材。

　　第三，重学情。对于语文学习的优等生，要想办法难住他，让他感到学海无涯，不能让他满足于当前的优秀而止步不前；对于中等生，要肯定他，让他感到成功的喜悦，增加学习动力；对于后进生，则一定要鼓励他，让他找到学习语文的乐趣。

第四，可检测。老师在教学中是否进行了当堂训练，让学生完成相应的练习题？一堂语文课结束之前，学生须把书后的练习题全部完成，这是最基本的要求。此外，还应检测本堂课是否完成了课前定下的教学目标。

听、评合格语文课还应特别注意授课教师如何体现两个定位：语文的工具性与人文性是否统一和怎样统一，语文课是否和怎样让学生进行语文实践活动。从汉中站活动开始，无论是示范课、精品课还是研讨课，我们都会用以上这些标准来听课、评课。

在刚刚闭幕的全国教育大会上，习近平总书记发表重要讲话，强调努力提高教师政治地位、社会地位、职业地位。他希望每位教师都珍惜这份光荣，爱惜这份职业，严格要求自己，不断完善自己。我们认为，按照总书记的要求，每位语文老师的职业素养的基础，也是最重要的第一步，就是要有按照国家课程标准要求上合格语文课的能力，有用语文的方法实现立德树人教育宗旨的能力。唯此，才能不负厚望，做一名光荣的语文教师。

（本文原载于《语言文字报》2018 年 10 月 10 日 5 版）

2017 年 7 月 17 日，真语文五周年乌兰察布站（小学专场）活动期间，河北师范大学附属小学教师王丽华执教《要下雨了》一课。课后，王旭明与王丽华进行了充分的研讨与交流，不仅体现了真评特色，也让老师们对如何用好教材、上合格语文课有了更多的思考。

# 紧扣学情设计教学

**王旭明（以下简称"王"）：** 首先，请王丽华老师谈一谈执教这堂课的感想。

**王丽华（以下简称"华"）：** 今天是我第一次讲《要下雨了》这篇课文。课堂上，我努力以平常的心态，来和孩子们共同完成教与学的过程。在座各位看到的所有课堂生成是真的生成，所有的不足也是真的不足。在教学过程中，发生了很多我预料之外的情况，包括临时调整课堂教学环节，以及下课时并没有完成全部教学内容，这都是我要静下心来好好反思的。我不担心在真语文的讲台上暴露缺点和不足，我想这正是我们继续前进的动力。

**王：** 今天你面对的是已经学过这篇课文的学生，和讲解新课相比，在教学设计方面有哪些不同的考虑？

**华：** 两种情况下的教学设计是不一样的。

第一点不同体现在检查生字词的认读。对已经学过的课文，学生对生字词有了认读的基础，因此我将认读重点放在三方面：轻声词的指导，多音字词的积累，重叠词的认识。小学一年级，识字、写字是非常重要的教学内容，如果学生没有学过这篇课文，按照我的处理方式，就略显粗浅了。

第二点不同体现在对于课文内容的处理。真语文一直倡导有效、合理地利用课文。孩子们已经学过课文，因此我将重点放在对课文内容的理解上，将理解课文和语言训练结合起来。我从《要下雨了》这一题目入手，引导孩子们说说故事中出现的各种小动物在做什么。本来我还设计了一个环节，引导孩子们思考，在要下雨的时候，除了课文中出现的三个小动物，别的小动物会有怎样的表现。这就是钟玉文老师所说的源于教材、高于教材，但因时间关系不得不删掉了这个环节，非常可惜。

第三点不同体现在，我将题目做了改动，引导孩子们体会汉语的美妙。课文的情境是"要下雨了"，我将其改成"下雨了"，引导孩子们思考在这样的情境下，小动物、植物和人又会有什么样的表现。因为时间匆忙，这个环节进行得不是很充分。

接下来，如果还有时间，我会将题目进一步改成"下雨后"，让孩子们今天回家跟家长交流练习。通过这样的改动，训练孩子们的语言能力，将他们的生活、观察、阅读与文本结合起来。

王：我们始终强调语文课堂工具性与人文性的统一。你对孩子们字词、语言等方面的训练，无疑是工具性的体现。那么，你觉得这堂课的人文性

王旭明对话王丽华（右）

体现在哪里？

华：其实童话本身就具备人文性，是带有人文关怀的体裁。我们不需要把人文性拿出来跟一年级的小孩们咬文嚼字地解读。孩子们对童话故事的阅读、分享、交流，体现的就是他们对万事万物的关注，这些都是人文性的范畴。

王：我很赞同王丽华老师对人文性的理解。老师们需要牢牢把握每一节课的人文性特点，将之与知识点完美地融合。另外我再强调一点，人文性不是干巴巴地喊口号，而是有非常具体而丰富的内涵。我想再问您一个

问题，您觉得这堂课最大的亮点是什么？

华：我昨天下午一直在和贾志敏老师交流，并请贾老师为我的教学设计把关。贾老师提到了一点：将题目"要下雨了"改为"下雨了"，去掉了"要"字，一年级的孩子是否能理解一字之差的变化，并将之表达出来？刚才在课堂上我们发现，这一环节的确增加了难度。我认为这样有难度的语言训练和生成，是我这节课最大的亮点。因为时间关系，我没有将之完整落实，但我的教学设计还是比较完整的。

（本文原载于《语言文字报》2017 年 7 月 21 日 4 版）

2017 年 7 月 18 日，真语文五周年乌兰察布站（中学专场）活动期间，浙江省中学语文特级教师肖培东执教了七年级阅读课《一棵小桃树》。这节课以语言为核心，通过"读""品""析"等方法，真正做到了让学生行走在文字深处，踏踏实实地习语学文。课后，王旭明与肖培东进行了交流。

# 上了一堂真正的语文课

**王旭明（以下简称"王"）：** 肖培东老师是钱梦龙先生的得意弟子。肖老师上的《一棵小桃树》给我最大的启发就是他在用语文的方法教语文。我们先请肖老师跟大家说说这节课的设计思路。

**肖培东（以下简称"肖"）：** 我今天讲的《一棵小桃树》是一篇新课文。很多老师讲这篇课文，总觉得把握不好自读和教读，包括怎样利用这篇文章的批注，因此我就研习了这篇课文，与各位老师交流。今天上课的是刚小学毕业的学生，他们没有接触过初中教材，这就意味着我要在这堂课上让他们慢慢地感受到，如何凭借语言和利用文本资源来学习散文。因此这堂课我不一定要教给他们太多的东西，就是希望"小桃树"能带给他们一个梦，使他们的语文学习能蓄出一点希望，孕出一点生机。

**王：** 我注意到您在课堂上有一个环节，用一个字让学生概括这篇课文。他们的回答和您心中的标准答案有没有不一样的？

**肖：** 这篇文章的情感很丰富。学生只要能够从文章中出来，又进入文章中，思考出来的答案，我觉得都是很好的。这篇文章就像许多小花瓣一样围绕着那棵小桃树，围绕着贾平凹。因此这个环节本身就是为了让学生更深入地阅读这篇课文，获得一种感受、一种体验。

**王：** 我在您的课堂上看到了钱先生上课的影子，就是不温不火、慢条斯理，一步步地推进。我们看到有些语文老师，一上公开课，声调高了，身体语言多了，各种变化也有了。您也有类似的经历吗？

**肖：** 有些年轻老师刚有机会讲公开课的时候，很想一课成名，我也有过类似的想法。记得我第一次上公开课《祝福》，把教室的桌椅排成两大排，课堂马上变成法庭宣判会的样子，非常热闹。课后，一个老师问我："鲁迅呢？鲁迅的语言呢？"后来我就记住了这位老师的话。钱梦龙老师上《我与地坛》一课，我觉得他上得很投入，现场很多老师哭了，我也哭了。课后我与钱老师交流上课心得，我认为在课堂上教师要注重表达人物的情感。钱老师很清醒地告诉我："培东，母亲的爱一定要引导学生从文字里找。就是说你讲母爱的伟大不能脱离文本，用一两个很感人的故事，催泪弹式地让孩子流泪。"慢慢地，再上公开课时，我就恢复正常了。王旭明先生倡导的真语文的"真"字，切中有些语文教学的要害。因此我觉得自己要真实，我愿意在课堂上呈现一种笨拙、一种尴尬。我觉得课堂上呈现出的这种尴尬，是一种很享受的过程。

王旭明对话肖培东（右）

**王：**肖老师的这堂课，他让用一个字来概括课文的时候，学生有的说"美"，有的说"我"，有的说"情"，有的说"谢"……这些都不是他的标准答案，但是他都肯定了，而且不仅肯定，还对学生的理解加以指导，这就是语文教学的方向—— 以生为本。感谢肖老师！谢谢你给我们上了一堂真正的语文课。

（本文原载于《语言文字报》2017 年 7 月 28 日 4 版）

# 用好教材，上合格语文课
## ——内蒙古乌兰察布中学专场活动听课记

真语文五周年内蒙古乌兰察布站中学专场活动中，两位语文出版社的教材编辑登台讲课：李世江老师执教高一年级小说阅读课《铸剑》，朱春玲老师执教七年级写作课《写人要抓住特点》。此外，内蒙古集宁一中沈静老师执教高二年级戏剧阅读课《长亭送别》。三节课课型不完全相同，但有一个共同特点，就是都不好教，对老师解读教材、设计教学的功力提出了很高要求。几位老师的教学有亮点也有不足，引起我对当前中学语文教学的一些思考。

### 《长亭送别》——
### 文学类文本不可忽视情感

《长亭送别》是戏剧《西厢记》的节选，属于文学类文本。《普通高中语文课程标准（实验）》对文学类文本的教学要求是"应引导学生设身处地去感受体验，重视对作品中形象和情感的整体感知与把握，注意作品内涵的多义性和模糊性，鼓励学生积极地、富有创意地建构文本意义"。此外，这也是一篇古代优秀文学作品，根据课标要求，学生要能"体会其中蕴含的中华民族精神，为形成一定的传统文化底蕴奠定基础"。从这节课的教学效果来看，沈老师没有将课标的这些要求很好地落实。

对于文学作品的阅读与欣赏，我们往往带有较多的个人主观色彩。《长亭送别》是一篇情感非常充沛的文本，把一对恋人将要别离时的那种断肠之悲写得特别到位。来自四川的语文教研员段增勇老师在评课时说："古往今来，黯然销魂者，唯别而已。"感悟、理解这种离别之情，应该是这篇文本的教学重点。在课堂上，老师要想方设法引导学生去体验、去感悟，从而建立起对作品的整体感知、对艺术形象的直观把握。

我认为，讲这样一篇充满感情的文章，老师不能太过理性。不管是讲第几课时，都应该把台上的学生讲得流下眼泪，让台下的听课老师泪水在眼眶里打转，这就是老师的成功。听课之前，我已经准备好了纸巾，准备用来擦拭眼泪，可是一张也没用上，因为沈老师讲得实在太理性了。她的确注意到了戏剧的语言特点，领着学生品味、分析作品中的语言，还引入了两首现代人写离别之情的诗歌。这些当然是语文课上应该讲的，但对于这样一篇文本，老师不能完全停留在语句的分析上，不要把太多的概念教给学生，比如意象、形象、结构、几段论、几分法等。语言的学习要建立在学生自身感悟的基础上。怎么让学生体验离别？老师可以引导学生假设：高考结束了，你们要和老师分别了，要和同学分别了，会有怎样的情感？课后交流时，沈老师说她也设计了这一点，但是课堂上没有把意思很好地表达出来，反而容易让学生将注意力集中到离高考还有多少天上。

我想请老师们记住，教学文学类文本，一定要让学生谈出自己的体验和感悟。那些"高大上"的定义、概念，不是学生自己的，情感、体验才是他们自己的。

## 《铸剑》——
### 长文教学可化繁为简

李世江老师讲的《铸剑》，我认为是一堂比较成功的课。他做到了依文定教，化繁为简。

第一，他讲透了文本的体裁。我曾反复和老师们说，讲语文课一定要把体裁搞明白。课标对不同体裁的课文有不同的教学要求。《铸剑》是一篇小说，小说有人物、情节、环境三要素，具体到这篇小说，重点应该落在情节上，而且是带有奇特夸张和想象的虚构情节。李老师这节课的教学重点放在学习小说的基本特征上，带领学生分析人物，概括主题，最后学习虚构的写作手法。这说明他抓住了文本的体裁，并能够带领学生深入剖析。体裁特点是语文性的东西，是语文老师真正应该在课堂上教给学生的。

第二，这篇文章非常长，又是鲁迅的经典之作，可读的东西很多，可教的点也很多，老师该如何选择？这就要求我们化繁为简，变重为轻，而不是越教越复杂。李老师在这方面做出了很好的示范。他讲的是第一课时，先教学生掌握小说的基本特征，让学生整体把握课文，并且能由读到写，当堂开展写作练习，巩固学到的虚构知识。等到第二课时，他再详细讲表现手法，落实一些具体知识点。这个设计很好，循序渐进，提高了教学效率。

此外，我们都知道，鲁迅的小说难教，大部分学生不爱学，有抵触情绪。李老师告诉学生，鲁迅写这篇小说的时候，参考了古代的传说故事，他是把自己小时候听过的故事改写成了这篇小说。这就引起了学生的兴趣，化难为易。然后老师再领着学生探究这个故事讲了什么，怎样讲的，和原来的版本相比有哪些不同等，自然而然地让学生掌握了小说的特点。

当然，对于这样的文本，李老师的处理方法不是唯一的，但它是一种有效的方式，值得老师们借鉴。对于这节课，我也有一点建议。这篇小说写得特别震撼，甚至有些恐怖，充满非常奇特、夸张至极的想象。李老师如果在这些方面再有一些生动的语言描述，然后让学生复述一下这样的情节，可能更容易让学生感受到文本的文学性色彩。

## 《写人要抓住特点》——
### 写人从身边的开始

朱春玲老师讲的是一堂七年级写作课，在近千人的活动中讲这样的课，是一种挑战。朱老师的教学有三大亮点值得我们体味。第一，持教材。她紧紧扣住教材，让学生一句句念教材中的引导文字。这个办法虽然看上去很笨，但非常实在。语文老师千万不要离开教材随意发挥。第二，朱老师让学生当堂写作，一段一段地写，这也是非常好的做法。上写作课，老师一定要拿出至少一半的时间让学生练习。第三，朱老师注意到了学段区别。外貌、动作、心理等人物描写方法，都是学生在小学高段就学过的，朱老师教的是刚刚升入七年级的学生，因此她在教学设计上注意到了新旧知识的衔接。

对于这节课，我认为有一个比较明显的问题，就是学生的写作积极性没有被很好地调动起来。课标中说得很明确，写作教学要"丰富写作形式，激发写作兴趣"。现在的学生普遍不爱写作文，甚至害怕写作文，因此老师要采取各种手段激发学生的写作兴趣。如何让学生由不爱写到愿意写呢？我从小学语文特级教师张赛琴的课上学到一种方法，中学同样可以采用——"写远方的不如写眼前的，写死的不如写活的，写他人的不如写自己的"。这节课上，朱老师出示了鲁迅、三毛、腾格尔等人物照片让学生观察。鲁迅是非常伟大的作家，但他离我们很远，学生不一定感兴趣。老师完全可以自己当模特，让学生观察：是高还是矮？是胖还是瘦？有没有白头发？……等到学生活跃起来了，再让他们写书里的人、写电视上的人。老师就是要"脸皮厚"，不要怕被学生看，而要让他们仔细看，抓住细节和特点写人。

总之，中学语文老师一定要用好教材，上合格语文课，让学生真有收获。

（本文原载于《语言文字报》2017 年 8 月 23 日 3 版）

# 依课标教好小学低段阅读

## ——以乌兰察布小学专场活动三节课为例

真语文五周年内蒙古乌兰察布小学专场活动中，我听了三位青年老师的语文课：刘海荣老师的《棉花姑娘》、唐红梅老师的《树和喜鹊》，以及"真语文之星"王丽华老师的《要下雨了》。这三节课都是一年级阅读课，几位老师在教学中都不同程度地体现出对朗读、识字写字、语言运用等的重视，努力做到工具性与人文性的统一。听了三位老师的课，我对一年级阅读教学有三点建议。

### 朗读指导要具体到位

朗读是语文教学的一个重要环节，也是学生接触阅读的开始。《义务教育语文课程标准（2011年版）》中明确规定："各个学段的阅读教学都要重视朗读和默读。"其中，一年级是孩子学习语文的起始阶段，朗读能力的培养尤其重要，它能够为下一步的阅读教学打好基础。

课标中对小学低段朗读教学的要求是："学习用普通话正确、流利、有感情地朗读课文。"在"实施建议"部分还提出了具体要求：提倡自然，摒弃矫情做作的腔调。这一点几位老师都关注到了，尤其是刘海荣老师。她的学生在朗读课文时，存在明显的拖腔拿调问题，刘老师注意到了这一点，并且一直在不厌其烦地纠正学生的错误。课后，我和刘老师交流，她说自己以前没有注意这一点，导致学生养成了不好的习惯。学习了真语文理念，听了贾志敏老师的课后，她意识到自己的失误，非常后悔，于是开始改正。她的坦诚与反思精神让我非常欣赏，从课堂教学中也可以看出她的努力。我相信她这样坚持下去，到了二年级，学生一定会有所改变。

小学低段的朗读教学，除了依课标，还要重学情。唐红梅老师虽然是借班上课，但她已经在前一天的活动中了解了这个班的学生读课文时的表现，等到自己上课时，就针对学生的问题进行指导。这说明她注意到了学生学习的连贯性。重学情还有另一个要求，就是老师的指导一定要具体、到位。比如，学生读"这里只有一棵树，书上只有一个鸟窝，鸟窝里只有一只喜鹊"一句中的"只"字时，音拖得特别长。老师发现了这个问题，但没有指明问题出在哪里，只是反复对着学生读"只、只、只"，学生改了半天也没改过来。王丽华老师也存在同样的问题。学生读得不到位时，老师需要示范，但也要让学生知道自己哪里出了问题，知道跟着老师学什么、怎么学。可以从语音、语调、语气三方面来指导学生读，教给学生发声位置。我注意到很多学生的发声位置都不对，普遍太靠前，实际上应该往后，用丹田气发声。对于一年级的孩子，应该适当告诉他们一点发声方法，引导他们有意识地练习。

### 识字写字切勿讲解过度

课标明确提出，"识字、写字是阅读和写作的基础，是第一学段的教学重点，也是贯串整个义务教育阶段的重要教学内容"。活动中的三节课，都安排了一定时间的识字写字训练，并在具体展开上体现了课标的要求。刘海荣老师非常重视对学生写字姿势的指导，包括握笔、坐姿，这是对的。王丽华老师的识字写字教学体现了让一年级学生"喜欢学习汉字，有主动识字、写字的愿望"这一课标要求。她通过很多种方法达到教学目的，比如开展识字竞赛，给出一个字，看谁组的词多，学生争着举手，兴趣盎然。她还使用了知识迁移的方法，巧妙利用学生已有的知识教生字词。比如，由课文中的"阴沉沉"教学"ABB"这一组词结构，让学生形容星星、田野等熟悉的事物，学生说出"亮晶晶、绿油油"等词语。

然而，我同时也看到，几位老师的字词教学或多或少都存在着过度讲解的问题。比较明显的是唐红梅老师的课。唐老师讲"窝"这个字，出示了一堆和"窝"有关的图片，不仅有"鸟窝""安乐窝"，还有"心窝""腋窝"，甚至有"贼窝"。老师的本意是让学生练习组词，加深理解，但这种做法偏离了教学要求。一方面，在这篇课文中，对"窝"字的要求是学生会认，而不是会写；另一方面，"窝"字本来就难写，老师还要难上加难，让学生看图组词。其中不仅有非常生僻的、连我都说不上来的词，比如"心窝"，甚至还有"贼窝"这样不适合一年级学生学习的词。

我想和所有的小学老师说，对于一年级的孩子，识字写字的学习一定要有度，严格按照课标要求开展教学。千万不要把和这个字相关的所有东西都拿到课堂上讲，更不要讲甲骨文，讲会意、形声等造字法。那是老师

自我炫技，是给孩子增加学习难度。

## 教学要从文本体裁出发

三节课都是一年级阅读课，课文不是很长，体现出一些共同点：都是浅近的童话、寓言、故事，都运用了想象、拟人等手法，符合儿童阅读心理。然而，几位老师在教学中都忽视了这一点，无论怎样的文本，都从字词句开始教学，而且对字词句的学习贯穿始终，这是不对的。

刘海荣老师讲的《棉花姑娘》，这篇课文有人认为是童话，有人认为是叙事诗，无论如何，有一点是毫无争议的——这是一篇文学性作品。既然如此，老师在教授这样的文本时，一定要让学生注意到其中的拟人和想象手法，引导学生发挥想象，充分尊重学生的个性化思维。唐红梅老师讲《树和喜鹊》，也忽视了文本体裁。她讲完后，我上台检测，问学生为什么"树很快乐，喜鹊也很快乐"，学生们回答说因为"我是树""我是喜鹊"。多么糊涂啊！孩子们不知道是作者在想象，把自己的感情给了树和鸟。学生不明白，不能怪他们，要怪老师没有引导。

王丽华老师做得相对好一些，她一开始就告诉学生，《要下雨了》是一篇童话。她整节课的构思与推进，也都按照课标对这类文本的教学要求进行，但我觉得她将更多的精力放在了知识点的处理上，放在了语言训练上，对文本的写作方法关注不够。学生对"要下雨了"有了整体的感知后，老师应该启发学生去想象，其他动物还有人类在要下雨了时会有怎样的表现。

我想说，每一位语文老师都要注意文本的体裁。搞不清这篇课文到底是童话、寓言，没有关系，但至少要分清是文学性的还是非文学性的作品。文学性的课文，需要讲清楚想象、虚构、夸张等修辞手法；非文学性的课文，要分析文章的说明、议论等写作手法。

虽然我们说，课文只是个例子，但老师不能不讲课文。小学低段阅读教学，一定要依据课标要求，用好教材。字词和朗读都很重要，但不能只讲字词、只读书，尤其当这节课是第二课时的时候，更要按照课文性质展开。

（本文原载于《语言文字报》2017 年 8 月 9 日 3 版）

# 将"重学情"落到实处

我听了三位老师的课，其中一位讲《搭石》。老师出示了六个词：间隔、廉洁、平衡、谴责、平稳、懒惰。老师讲解后，让学生用通俗的话说说这些词的意思。一个学生说"懒惰"就是不勤劳办事的意思。出乎我意料的是，老师没有在这里停止，他又让学生把自己的解释放到课文的句子当中，思考是否合适。这样做特别好，这就是真语文，出得来、进得去。这样的来回就是语言运用的过程，就是用"语"和"文"去训练学生的语言能力，提高学生的语文素养。这也是老师素质和能力的反映。

听了这几节课，我有几点建议想和大家交流。

第一，培养学生看书的意识。语文课堂上该看的书就是教材，老师要更加自觉、主动、全方位地用好教材。怎么用？方法有很多。比如，让学生做大量批注，或者把老师讲的重点写在书上。我在听课的这三个班里检查学生的教材，发现基本上都很整洁，写的字都很少。我建议让学生充分利用教材，把教材用好了，才能引导他们课后自读其他书。

第二，重学情。不要小看这三个字，真正落实下来，确实很难。这次活动中，我听的几堂课多少都存在这方面的问题。老师只喜欢提问举手的学生，让举手的学生里面表现好的学生到台上来。这种心理可以理解，但是好学生会一直好，你不给他创造条件，他也表现得好。对于不举手的学生，我们更要创造机会，让他表现，让他自信，这才公平。

语文老师一定要有学情意识。具体表现为三句话：学生已经会的，不讲；学生能够学会的，少讲，即使准备得再好也不说；讲了学生也不懂的，不讲，即使做了准备也要忍痛割爱。

第三，语文老师要扎扎实实地学语文、教语文，不为喧嚣所动。从眼下看，这可能暂时让人没有什么便宜可占；但从长远来说，这是语文老师一辈子的本事。拿我自己的经历来说，三十多年前我当老师的时候，我的恩师就告诉我要教给学生字、词、句、层、段、篇、语、修、逻、文，找它们之间的关系，找结构、找体裁。这些方法我用了几十年，受益无穷。

（本文原载于《语言文字报》2017 年 11 月 22 日 4 版）

# 吴老师，我语文生命的守护神

我最引以为豪的人生履历，就是当教师的经历。三十年前，我刚走上讲台时，不知该怎样把课讲好，随着时髦走，放录音，拿腔作调朗读，以及公开课前让学生"排练"，等等。当时，北京某区教研员吴桐祯老师听了我用此方法讲的《春》之后，提了几个很尖锐的问题：这堂课你让学生学到了什么？《春》的题目和文本是什么关系？文本中的几段内容之间又是什么关系？"盼望着，盼望着……"只写一个"盼望着"行不行？几个问题问得我丈二和尚摸不着头脑。带着这些问题，我仔细学习吴老师的语文自学体系小册子，多次登门拜访，请吴老师指导。在吴老师的精心指导和耐心帮助下，第二年，我又一次讲了公开课《春》，此课得到吴老师的充分肯定，也成为区级优秀课，我也因此成为区级优秀青年语文老师。从

2017 年 12 月 18 日，吴桐祯老师在真语文五周年展示活动现场。

此我拜吴老师为师，紧扣字、词、句、层、段、篇、语、修、逻、文，把它们落实到每一篇课文中去，渐渐成长、成熟起来。

　　我离开讲坛二十年后，目睹语文教育种种怪相，想到了吴老师教我上语文课的一幕幕，萌生了在全国推广真语文理念的想法。真语文的核心就是按照语文规律，在工具性与人文性的统一中完成教学，引导学生说真话、写真文、诉真情、做真人。时年，已经年近八旬的吴老师虽然常年生活在加拿大，但回到国内便找到了我。那天，他出现在我办公室门口时，我惊讶得不得了。吴老师说他在国外了解了我的很多情况，特别是语文教育的见解和行动，他表示特别支持。此后，吴老师只要在国内，就跟着我到全国许多地方去听课、评课和做报告。其老当益壮、执着于语文教育的情怀，感动了真语文活动中的许多语文老师。

　　吴老师爱喝点小酒，每次我们相聚，他都关心我的身体，特别提醒我要劳逸结合，也建议我："可以喝点小酒，但一定要喝好酒，这样对身体才有好处。"在我的恳求下，吴老师把自己在《百家讲坛》的讲课实录拿给我供职的语文出版社出版，此书后来成为畅销书。他还亲自给全国真语文骨干培训班的老师讲了两天课，我听课以后又一次感受到了吴老师严谨求实的语文精神。吴老师去加拿大已经一年多了，春节还给我发来贺卡，嘱我去加拿大时找他当导游，陪我逛逛。每念及此，我心中便油然升起一种感动，但我还是盼着吴老师回来，盼着他跟着我继续推广真语文理念。有他伴随，我就心里有底，充满力量；有他伴随，我就看到远方，勇敢前行。

　　吴老师，我语文生命的守护神！

　　　　　　　　　　　　　　（本文原载于"今日头条"网 2017 年 9 月 10 日）

# 语文课堂怪相

## 伪高效课堂

笔者最近到一些进行所谓高效课堂实验的学校尤其是小学听课，目睹其成果展示，不禁大吃一惊。如此高效课堂，还是快快休矣吧！

我看到和听到的几所小学的所谓高效课堂基本上都是教师把题目或者教辅材料直接发给学生，让学生按照教师布置的题目和教辅书上的题目，逐一在课下完成答案后于课堂上交流、展示，老师仅仅成为学生展示的协调者、组织者和夸赞者。听了这样的课后，课下，我曾多次问老师们：学生们在这样一堂语文课上究竟学到了什么？顾名思义，高效课堂就是在课堂上通过有效的教学活动让学生在课上能够掌握必要的知识，训练学生必要的技能，提高学生必要的能力。高效课堂最重要甚至可以说唯一的标志就是学生在几十分钟的课上完成应当学习并掌握的内容。注意，是在课上完成，而不是在课下或者其他时间完成。

高效课堂最伟大和最现实的意义在于，教师通过有效的课堂教学减少直至取消学生课下作业，真正达到减轻学生过重的课业负担的目的。从这一点看，我所听的这些所谓高效课堂，不仅没让学生在课上掌握学习内容，还布置大量作业让学生在课下完成，并把学生已完成的内容移植到课上重新展示一遍，如此的课堂可以说是低效，甚至无效。

把低效或无效课堂到处宣传推广，甚至作秀表演，如此语文课堂教学真是毁人啊。我认为，高效课堂的标准至少有以下几条：一是不用或极少用学生预习其在课堂上能够学习并掌握的知识；二是课上百分之八十以上的学生掌握当堂的教学重点和难点，教师不必另外留作业；三是由于老师的有效教学激发起了学生了解当堂课某些知识的欲望，学生积极、自觉和主动地在课下探究有关问题等。当然，高效课堂的组织、教学、环节安排和设计因课型不同都有许多形式和具体方法值得研究，但这几条原则恐怕是最基本的，也是检验老师课堂教学成效最关键所在。

当下语文教学之乱，乱在何处？乱在怪相太多，之一就是假。把假高效课堂当成真高效课堂，把低效、无效当成高效，这实在让人可笑可气。

（原文刊载于"一点资讯"网 2017 年 10 月 30 日）

## 研究性学习的扭曲

"研究性学习"目前是中小学流行的学习方式。教育部在 2001 年 5 月发布关于中小学开设研究性学习的决定，增设了包括研究性学习在内的综合实践活动，并作为必修课程。笔者在近期的了解和观察中发现很多中小学对于研究性学习的性质和意义认识不足，同时，对于研究性学习的内容认识不清。稍有点语文常识的人都知道，"研究性学习"是一个偏正词组，中心词是"学习"，修饰、解释或进一步说明学习的是"研究性"。这个词组说明两个含义：一是研究性学习必须以学生的自主性和探究性为主；二是研究性学习是学习的一种方式，并不是所有学习的方式。也就是说，除了研究性学习，还有其他方式。

了解有关部门制定的研究性学习的要求和定义，非常重要。为什么说非常重要，因为笔者最近从一些媒体的报道和自己的听课当中发现，一些学校的领导和老师并没有如此准确地理解研究性学习的内涵，而是简单地从形式上模仿，重结果展示、重题目高深、重轰动效应，殊不知所有这些都违背了研究性学习的初衷。比如，某些学校搞的名人研究，还有一些学校更是"前沿"，进行人工智能、3D 打印和无人机的研究等。这些让人"大开眼界"的所谓研究，其实都与研究性学习风马牛不相及，只是赚人眼球，热闹一下而已。应当明确，在小学开展的研究性学习不是高不可攀，更不可揠苗助长。

我认为研究性学习应该抓住下列关键点展开才能不离其本。第一，必须明确学生所研究的内容和方法对其学与习的意义和作用，当然，这个学与习是真的学生本人的学与习，而非在家长和他人的替代下完成，简言之，每一项研究性学习之后，教师都要明确，在该年龄段学生成长的过程中，这一段的研究性学习让他们学和习了什么。第二，作为研究性的学习方式，要重在研究的过程，包括学生提出问题、分析问题和解决问题的过程，而不仅仅是解决问题的展示，更不仅仅是老师提出问题、学生分析问题，最后家长完成问题。第三，研究性学习的评价应当是鼓励所有的参与者，而不是强求一个结论、一个观点。第四，也是最重要的，研究性学习的题目无论是教师设计的还是教师提出的，都应是学生感兴趣、真心喜欢、真心想研究的，否则，学生研究性学习的效果将大打折扣。比如，南方某地一小学开展研究性学习是让孩子到生活中去发现有没有需要改进的公共设施，结果有学生提出"我们这里寄信不方便"，于是孩子们分组进行研究，有一组负责调查居民的需求，有一组咨询增加邮筒需要什么手续，还有一组确定邮筒应该安放的位置，最后大家向邮局写了一个调研报告，局长看后很感动，马上表态一周后安装新邮筒。

　　在此，需要特别指出的是，研究性学习只是多种教学方式的一种，不能也没有必要所有课型、所有内容都冠以研究性之名，这方面，特别是有些行政领导非常喜欢一律和统一一种方法，这是不重视教育规律的典型表现，比如某领导强令全县各学科都用"三疑三探"的研究方式，一上课先疑问再探，只能以失败告终。奉劝热衷于研究性学习的学校和老师们，一定要搞准内含和外延再去操作，否则就是对教育规律和人才成长规律的粗暴践踏，外行看热闹，内行遭耻笑。

（本文原载于"一点资讯"网 2017 年 10 月 31 日）

# 读错字说错话，还是语文的问题

一位大学校长因为读错一个字的音而发出致歉信，如果不是人民网发表了评论，我是断不敢相信的。尽管我在十年前就写了专著提出新闻发言人的伦理意识是最重要的，但看来我们学习并学会道歉的路还很长，还有许多工作要做。无论如何，我们都要向这位校长致敬。在道歉文化还没有被普遍接受的当下，因为一件并没有什么大不了的事，他敢于站出来道歉，这是需要多么大的勇气和力量啊！

更难得的是，这位校长的道歉是真诚的。他不仅承认了自己的不对，还剖析了产生错误的根源，而这根源恰恰是在特殊的年代没有学好语文所致。他甚至说自己上大学之前才了解了一点语法知识，才知道什么是主语和谓语，足见其坦率的程度。这位校长坦承，自己有许多不足和缺点，甚至还会犯错误。这位校长对语文的理解是到位的，他以为文字上的修炼并非一日之功。当我读到这段文字时几乎落泪，他说"像我这个年纪的人，恐怕也很难短时间内在文字水平上有很大的进步了"。如此真诚的表达真是催人泪下。道歉难，真诚的道歉更难。道歉并且会道歉，是态度，也需要表达，当然是语文问题，也是人生问题，一位大学校长的道歉之举让人大赞。

是的，问题依然出在语文上。这位校长可能还不大清楚"准确"的概念对于表达有多么重要，也可能缺乏这方面的训练，比如，"焦虑"与"质疑"并不是可以互相并列的两个概念。由此看，通过真正的语文教学，让学生受到几年、十几年严格规范的字、词、句、层、段、篇、语法、逻辑、修辞和文学的训练，对于一个人的成长和未来有多么重要，这其实也正是真语文多年力推的主张和实践之所在。

令人高兴的是，有语文老师注意到这一点并对学生开展了语文教育。我了解到浙江的肖培东老师就抓住这样的生活现象，对学生开展了颇为生动有趣的教育，效果很好。相信告别了这位校长所经历的痛苦时代，加上肖老师这样的真正的语文老师会愈来愈多，今后的学生会接受纯正、严谨的语文训练，类似说不大清楚的事不会再发生，但愿！

读错音、写错字是生活中常见的现象，以汉语之难学，也难免。当下不少人，尤其是语文老师，特别喜欢发现别人读错音、写错字并炫耀，这其实不好。怎么办呢？真语文告诉你：一是每一个中国人，尤其是有影响的人物，一定要认真、仔细做好读写前的准备，尽量避免这样的事发生。二是再仔细也难免类似事件发生，问题是发生了怎么办呢？改过来、道个歉就行，没有什么大不了的。一个人永远读对写对，不代表其水平有多高，反之，也不代表其水平有多低。三是社会各界尤其是语文界不必把读错写错的现象抓住不放、大做文章，更不必放大、扯远。四是语文教育工作者当深思。一方面，这进一步说明语文教学"少慢差费"①的严重程度以及语文教育诸多问题，语文界要反省自查；另一方面，语文课真的不是仅仅教语言文字，更不能上成"四不像"的课，教师要教真正的语文、学生要学真正的语文，这就包括启发思维、强化语用教学意识。所谓语用教学意识，就是在不同的情境、语境下的表达，说错了该怎么办、怎么表达，就是最现实的语用问题。

（本文原载于"一点资讯"网 2018 年 5 月 7 日）

---

① 吕叔湘 . 当前语文教学中两个迫切问题［N］. 人民日报，1978-03-16.

# 都是不懂文章体裁惹的祸

据报道，某位干部写了一篇《老人抚养孙子14年考上复旦 发现"去世"儿子还活着》的新闻稿件发在公号上，红了网络，后证实该文为虚构。当有关部门追究这位干部的责任时，他称自己写的是文学作品，文学作品是允许虚构的。如果说这位干部讲得有点道理的话，那就是他还懂文学体裁允许虚构，可他不懂的是，文学体裁允许虚构不假，但他用了新闻报道的体裁发表，这说明他虽有体裁意识，但体裁意识是混乱的。

也许，这位科长的话是为自己辩解的托词，但笔者在生活中了解到这种不懂文章体裁、张冠李戴、胡说乱写的事可不少。

笔者在中小学听课中发现，中小学语文老师包括所谓的一些优秀语文老师，在语文课上不讲体裁，上来就按套路出牌的情况十分普遍。比如，小学语文教材中有很多写动物的寓言故事，老师就引导孩子学习并赞美寓言故事中的动物。一位老师讲《乌鸦喝水》时不告诉孩子这是寓言故事，对乌鸦大加赞美。课后，笔者走上讲台进行检测，我问孩子们："乌鸦好不好？"孩子们齐声说"好"。我又问："为何好？"孩子回答"聪明智慧"。我说："你们见过乌鸦这样喝水吗？"孩子有的说见过，有的说没见过。我又问说见过的孩子："你们是从哪里见到乌鸦这样喝水的？"孩子们摇头答不上来。"既然乌鸦这么聪明智慧你们要不要学乌鸦呢？"孩子们齐声回答"要"。"你们长大后要不要当乌鸦呢？"孩子们想都不想又齐声回答"要"。

听到此处，问话已经不能进行下去了，令我心酸甚至痛苦的是，如果我们的语文教育都进行的是这样反常识的教育，何谈人文性？没有人文性，工具教得再好又有什么用处？笔者最近听了一所所谓重点小学老师讲的《白鹅》一课，课后问这篇课文是什么体裁时，竟有一大半老师说是说明文！

上面的例子充分说明体裁意识在我们不少语文教师中已经弱化，甚至全然不知到了什么程度。我认为，我们学文章写文章，不仅看文字多漂亮，字词用得多么准确，还要看作者用怎样的体裁写出来不同文章。给个题目上来就写和张口就说，洋洋万言都不是真正的语文能力，真正的语文能力是在一定体裁的要求下，能说话会写文。

笔者在前文中提到了体裁，这里再次提及，说明了体裁有多重要。很多老师自己不懂，更不会教学生如何根据不同体裁的要求写文章。说到这里，我们必须强调当下语文教师上语文课，所用的教材都是选文式的，因此，检验语文老师是否合格的一个重要标准就是看他是否把每篇课文的体裁都能根据学生不同的年龄段和特点讲清楚。要做到这一点，教师自己必须清楚。据我了解，很多语文老师，由于多种原因，特别是近年来小学和中学语文界片面强调的所谓主题教学，讲语文就是讲主题，从主题入手进行解读，殊不知体裁是语文课的重要内容，是一堂课的抓手，也是工具性与人文性相统一的具体体现。

　　可以明确地说，不懂各类体裁及其体裁要求的语文老师是不合格的语文老师，必须赶紧补课。我在教学一线了解和看到的情况还有，不少老师针对自己所教篇目的体裁及其体裁的要求，尤其是不同学段的要求不大清楚，说不出来。这是我国学校语文教育长期水平不高的重要原因。每一个学习母语的学生都必须认识到，学习母语不仅是识字读音，还有学写文章，写文章一定要根据时间、地点、对象、场合和不同要求确定文章体裁，不能上来提笔就写，这是语文学习的基本常识，也是学习者的基本素养。

　　我们这里无意为这位副科长开脱，只是想借此再一次提醒学习语文的一个重要问题，即学语文一定要重视体裁，学习体裁。我愿在这里向语文教育界大声呼吁，重视体裁教学和研究，根据不同学段确定体裁教学内容。现在，到了该做这件事情的时候了。

（本文原载于"一点资讯"网 2017 年 10 月 29 日）

# 什么是真教育

关于真教育，首先要思考什么是真。一说到"真"的释义，人们都会认为，客观存在、客观实体就是真，但对于另一方面，关注得比较少。

一说真教育，很多人可能会有疑问，谁的教育是假的？我想，当各位弄清"真"的另一个含义后，就明白什么是假了。真的另一个含义就是要按客观规律办事，凡是违反客观规律的就是假。什么是教育规律？教育是以培养人为直接目标的社会实践活动，教育规律就是符合这一目标的要求所必须遵循的原则和路径。比如，教育受社会生产力发展的制约，因此，一个国家的教育发展程度与其生产力发展水平成正比；再比如，儿童的年龄特征是进行教育和教学的依据，教育又能促进儿童身心发展。在教育规律下，还有学科教学规律、学校管理规律，等等。

我们为什么要遵守教育规律？习近平总书记多次强调要尊重教育规律，在中央全面深化改革领导小组第三十五次会议上明确提出："使各级各类教育更加符合教育规律、更加符合人才成长规律，更能促进人的全面发展，着力培养德智体美全面发展的社会主义事业建设者和接班人。"[1]刘延东同志也在国家教材委员会第一次全体会议上强调："要尊重教育规律和学生成长规律，提升教材思想性、科学性、时代性。"[2]

"教育不是把外面的东西强迫儿童或青年去吸收，而是要使人类'与生俱来'的能力得以生长。"[3]教育即生活、教育即生长、儿童中心主义是杜威的三大教育信条。具体说来，教育是生活的过程，而不是将来生活的

---

[1] 习近平主持召开中央全面深化改革领导小组第三十五次会议强调：认真谋划深入抓好各项改革试点 积极推广成功经验带动面上改革［N］.人民日报，2017-05-24.

[2] 刘延东在国家教材委员会第一次全体会议上强调：把国家教材建设作为战略性基础性工程抓紧抓实抓好［N］.光明日报，2017-07-6.

[3] 赵祥麟，王承绪.杜威教育名篇［M］.北京：教育科学出版社，2006.

准备；学校必须呈现现在的生活——对儿童来说是真实而生气勃勃的生活。不通过各种生活形式或不通过那些本身就值得生活的生活形式来实现的教育，对于真正的现实总是贫乏的代替物，结果便形成呆板，死气沉沉。学校作为一种制度，应当简化现实的社会生活，应当从家庭生活里逐渐发展出来，它应当开展并继续儿童在家庭里已经熟悉的活动，而不应当像过去那样把它缩小成一种社会雏形；学校科目相互联系的真正中心不是科学，不是文学，不是历史，不是地理，而是儿童本身的社会活动。无独有偶，我国著名教育家蔡元培认为："教育者，非为以往，非为现在，而专为将来。"④他们的理念和观点恰恰说明了遵守教育规律的重要性。

　　一些教育工作者对当今的教育可能或多或少都有一些这样或那样的不满。所有的不满，可以归结到一点上来，那就是没有按照规律来办事。因此，教育中也产生了一系列的问题。

　　"中国110宣传日·法制安全教育"是北外附属外国语学校五年级的常规少先队活动课，是按照学校的课表进行常规上课。本学期最后的一次少先队活动课是在1月18日开展的，它是为了对整个学期做一个总结，也更容易出彩。有朋友建议我上那节更容易出彩的少先队活动课。我没有听从这个建议，直接按课表安排上了这堂课。为什么没有听从朋友建议？因为我一直在问自己，你上课是为了表演，还是为了学生成长？这也是区别我是在真的做教育，还是假的做教育的标准。如果是为了表演，我们提前做准备，让哪位同学发言，哪位同学就做好准备。我不会这样做。按照学校的安排，这次班会课就是要结合110宣传日来进行法制教育，这是学校的系列安排，我就要尊重学校的安排，不做任何改动来讲课，这就是尊重学校教育规律。学校多年来形成这样一个教学规律，我没有任何理由去打破这个固有的规律。

　　教育不是培养物的，是以培养人为直接目标的社会实践活动。教育规律就是符合这一目标的要求所必须遵循的原则和路径。因此，我们特别强调要尊重人。我在"中国110宣传日·法制安全教育"这堂课上举的几个例子，都是不尊重学生的反面事例，那么通过110法制安全教育来维护学生的合法权益，则是对学生最大的尊重。

④　蔡元培.全国临时教育会议开会词［J］.教育杂志：第4卷第6号，1912（9）.

　　一个国家的教育发展水平是和这个国家的生产力发展水平息息相关的。举个例子，每年我国都有很多人选择出国留学，其中绝大多数都选择美国和欧洲国家，很少有人会选择朝鲜，更少有人会选择去非洲留学。为什么？这就说明教育受社会生产力发展的制约。再比如，儿童的年龄特征是进行教育和教学的依据，教育又能促进儿童身心发展。针对不同学段、不同学科的孩子的成长规律，讲解一些他们能理解的知识。本次活动课的对象是五年级的孩子，如果我给他们讲法制的"制"与治理的"治"的区别，那就大错特错了，就违反了语言学习的规律和孩子的心理成长特征。如果说到对法律文件的学习，北外附校就做得非常好，他们的课表上写的就是"以110法制宣传日为例进行法制教育"，这就非常符合五年级孩子的认知规律和身心发展特点，这就是发展规律。

## 例谈真教育

　　真教育在理论和实践中都有很多经典理论和案例，我们举其一二，以证之。英国作家罗斯金说："教育真正的目的，并不只强调人做善事，同时还要教人从善事中发掘出喜悦。"爱因斯坦说："学校的目标始终应当是：青年人在离开学校时，是作为一个和谐的人，而不是作为一个专家。"瑞士儿童心理学家皮亚杰认为，教育所要培养的不是一个"博学之才"，而是一个"智慧的探索者"。我很赞同我国伟大的教育家陶行知先生的"千教万教教人求真，千学万学学做真人"教育理念，这道出了教育的真谛。北外附校五年级那群孩子表现特别好，他们身上那种想说话、想表达的欲望特别强烈，身为教师的我们，要教会学生思考，要给学生自由、让学生表现自我。

　　苏霍姆林斯基认为，我们不能把小孩子的精神世界变成单纯学习知识。如果我们力求使儿童的全部精神力量都专注到功课上去，他的生活就会变得不堪忍受。他不仅应该是一个学生，而且首先应该是一个有多方面兴趣、要求和愿望的人。意大利儿童教育家蒙台梭利认为，教育体系是以感官为基础，以思考为过程，以自由为目的。而且，应该让儿童自由地表现自我，表达自己的思想，以神圣的劳力按照自己的情感去创作，让孩子学会驾驭自己的才能。苏联教育学家、心理学家列·符·赞科夫也说："教会学生思考，这对学生来说，是一生中最有价值的本钱。"

　　德国教育家第斯多惠则对于教学有着自己的认识，他认为，教学的艺术不在于传授本领，而在于激励、唤醒、鼓舞。我举这些例子也是想说明，教育的作用在于激励和唤醒，不在于知识的传授。如今的教育理念很多，但原创的并不多，大多数都是沿用古今中外的教育经典。教育经典理论是真教育的重要理论基础，真教育不强调自己的理论，更不编织自己的理论框架，向经典学习，向经典致敬，是我们的追求。再来看两个例子。

　　"二战"结束后，一名纳粹集中营的幸存者，成了美国一所学校的校长。每当有新老师来到学校时，校长就会给这位老师一封信。信中写道："我是一名集中营的幸存者，我亲眼看到所不应该看到的悲剧：毒气室由学有专长的工程师建造，妇女由学识渊博的医生毒死，儿童由训练有素的护士杀害。所以，我怀疑教育的意义。我对你们唯一的请求是：请回到教育的根本，帮助学生成为具有人性的人。你们的努力，不应该造就学识渊博的怪物，或者是多才多艺的变态狂，或受过教育的屠夫。我始终相信，只有在孩子具有人性的情况下，读书写字算术的能力才有价值。"他的这番话非常深刻。

　　另一个例子是关于人的现代化的解读。

　　在西班牙举行的自行车赛中，车手埃斯特万在距离终点只有三百米时不幸遭遇爆胎，他只能扛起自行车跑向终点。令在场观众惊讶的事情发生了：他身后的竞争对手纳瓦罗拒绝超越，慢慢地跟在爆胎的埃斯特万身后！后来，取得冠军的埃斯特万想把奖牌送给纳瓦罗，但遭到了纳瓦罗的婉拒，理由是："我不想在快到终点时超越一个爆胎的对手取胜，这样是不道德的。"这就是体育精神最崇高的体现。

　　现在，我们厘清一下真教育符合教育规律的几个概念。首先，真教育是从哪里来的？它的源头在哪里？一是源自党的实事求是、求真务实的思想路线。党的十九大再次强调坚持解放思想、实事求是、与时俱进、求真务实，并首次提出"努力让每个孩子都能享有公平而有质量的教育"。二是源自陶行知先生的"千教万教教人求真，千学万学学做真人"的教育理念。三是源自多年来教育战线广大学校师生的积极探索和呼唤。四是源自当下的现实存在的一些问题与不足。

说到问题与不足，我们从另外的角度谈谈。

美国兰德公司是一家著名的非营利研究机构，为美国官方提供客观的分析和有效的解决方案。最近，他们公布了一份中国现状分析报告，既有肯定，也有严厉批评，值得国人反省。报告中指出：在中国人的眼中，受教育不是为了寻求真理或者改善生活质量，而只是身份和显赫地位的象征和标志。易中天教授也毫不留情地指出了当今我国教育存在的问题，他说，中国教育的目标是"望子成龙"，标准是"成王败寇"，方法是"死记硬背"，手段是"不断施压"，还美其名曰"压力即动力"。

许锡良认为，应试教育是亡国教育，应试教育剥夺了学生的思考能力，特别是批判性的思维能力与创造力，让学生始终处于一种被动应付状态，使人的主体性地位遭受到了严重的摧残，让学生兴趣索然，内心冷漠，习惯性地等待他人为他的生活、工作做出安排，不会主动提出问题，解决问题，然后寻找自己的梦想，去过一种有主题的生活。应试教育就是围绕分数的教育，见分不见人。有报道说，我国学术界每年向国外"进贡"数十亿的论文版面费，外刊撤回中国造假论文等事实让我们汗颜。一些官方媒体如《人民日报》《中国教育报》也揭露了一些小学生作文造假的现象，是典型的违反教育规律的现象。所有这些言论和例子，未必准确，未必翔实，也未必正确，但从不同角度给我们指出了应该注意的问题。

真教育的第五个源头，也是很重要的一个源头，源自我在语文出版社工作期间，从 2012 年 11 月提出并践行的"真语文"理念。经过整整五年的时间，我从真语文活动中发现一些问题，认为"真"不应该只局限于语文学科，它还应该推广到各个学科，来解决各学科存在的问题，应该做真教育。

### 如何开展真教育

我认为，真教育的理念应贯彻在学校管理、教学活动、教师培养等育人的全过程中。秉承这一理念，求真教育实验研究院全面开展真教育实验，旨在用教育规律和学生成长规律指导教育工作，为提升我国学校教育水平和育人内涵做出新贡献。

以我目前的认识水平，真教育是在以下方面重点开展的研究与实践。

在办学方向上，积极倡导并努力践行真立德树人和立德树真人的理念。我们认为，适宜的教育就是最好的教育。因此，我们努力引导并鼓励师生根据德育工作总要求和学科特点说真话，学说真话；诉真情，学诉真情；育真人，学育真人。通过"真"理念之引导，实现培养德、智、体、美全面发展的社会主义事业建设者和接班人的教育理想。

在学校管理上，我们积极倡导并努力践行以人为本的理念，主张学校踏踏实实办学，踏踏实实管理，不追求花哨，不贪慕虚荣。根据不同学校所在的地区特点因地制宜，开展校园文化建设，提出符合本校实际情况的发展理念和规划。在学校建设上，我们特别不赞同贪大求洋，追求花架子和做表面文章，尤其反对学校管理的非人性化现象。让教育真正成为温暖宽厚的教育。

在学校教育方式上，我们积极倡导并努力践行教育现代化，首先是教育者观念思想和教育行为的现代化，核心是以人为本。求真教育不赞同片面地理解教育现代化，更不赞同将教学设备的现代化取代为教育的现代化。我们认为教育信息化和其他人工智能包括 VR 技术等都是为教育服务的，离开教育内涵的现代化，都称不上是教育的现代化。

在教师培养上，我们积极倡导并努力践行培养一大批教人求真的教师。这些教师既有人格魅力，又有学识魅力；既不慕虚名，又脚踏实地，真心爱孩子、爱教育。在教师培养中，我们不主张教师专攻论文，也不主张教师著书立说，鼓励教师实实在在上课和坚守一线教学的情怀和精神。

在教学实践上，积极倡导并努力践行课程意识。课程是培养学生的重要载体，只有发挥课程的教育功能，让学生在课程中实践、感悟、体验、锻炼，才能使学生的潜能得到充分发挥。要按照课程标准开齐课程，通过国家教材、地方教材和学校校本教材研发，按人才培养规律，探索各级各类人才培养模式和方法。

在学生培养上，我们积极倡导并努力践行培养学做真人的学生。培养学生热爱祖国、热爱生活的正确价值观、人生观和世界观，培养学生敢于质疑、善于反思、勇于批判和否定自己的良好品质。

在家校合作上，我们积极倡导并努力践行家长与学校真诚合作，互相配合共同构建家校教育新格局。在具体工作中，我们坚持既不把学校应承担的工作强加给家长，也不能以指令性的方式硬性要求家长支持学校的工作。

在全社会支持办学上，我们积极倡导并努力践行与社会各方面共同办学。在所有支持学校建设方面，我们一视同仁，坚决反对论钱排辈和谁有钱谁拥有话语权的腐朽思想。

在对外宣传上，我们积极倡导并努力践行严谨求实的精神。不夸大炒作学校的教学实践活动，不轻易对外推广学校的教研成果并冠以各种流派之名。

我很欣赏北外附属外国语学校的校长林卫民，对于这所学校办学质量的提升，林卫民校长做了很多事情，但社会上并不知晓。他是在认真地做教育、默默地办实事。不夸大学校的教学活动，不轻易向外界推广学校的教研成果。

为更加便于操作与实践，求真教育实验研究院郑重提出自律"十不准"。内容如下。

1. 不准对批评学校和老师的学生有任何打击、报复行为，也不允许有任何言语冷落和其他歧视行为；

2. 不准强迫家长和学生以任何形式为学校荣誉或教师名誉拉票；

3. 不准学校组织学生迎送各级领导（特殊外事或重要政治活动除外）；

4. 不准学校领导和老师诱导学生在上级检查或记者参访时说假话或说违背学生意愿的语言；

5. 不准学校和老师在违背学生意愿的前提下利用学生家长资源为学校办事；

6. 不准学校和老师用暗示、诱导和欺骗的方式让学生做违反自己意愿的事情；

7. 不准学校违反学生成长规律、粗暴管理学生行为，包括砸手机、拉黑名单、让学生之间互相监督告密等；

8. 不准学校以宣传为目的编造孩子被国外著名高校录取等不实信息，或炒作学生被名大学、名中学录取的信息；

9. 不准学校和教师为沽名钓誉，搞各种名目繁杂的研究和课题，或干扰学校教学正常进行的行为；

10.不准学校组织各种假课，包括提前训练学生、暗示学生答案、以表演为特色的观摩课、示范课以及其他巧立名目的公开课。

"一个国家的繁荣不取决于它的城堡之坚固，国库之殷实，公共设施之华丽；取决于公民的文明素养，人们的远见卓识和品格的高下，真正的利害、真正的力量。"马丁·路德·金这段话，对我们今天的教育也有启发意义。

我们要培养什么样的人？要培养有远见卓识的人，培养有品德的人，这是我们的文化软实力，也是我们践行"真教育"的动力所在。

（本文原载于"求真教育实验研究院"微信公众号 2018 年 3 月 8 日）

实践篇

## ◎ 小 学

<h2 style="text-align:center">《用多大的声音》课堂撷英<sup></sup></h2>

一

**王旭明（以下简称"王"）：**今天这堂课，我们就是聊天，可以聊你的爸爸、妈妈，也可以聊聊你的学校、老师，什么话题都行。你想跟老师聊什么？

**学生（以下简称"生"）：**聊聊我的家庭。我家住在楼房里。今年我过完生日第二天，妈妈生了一个弟弟。弟弟非常可爱，每天我都跟他一起

王旭明执教《用多大的声音》现场

玩儿，弟弟老是把我的手拉上。

**王：**好，停一停。我找一个同学来复述，无论你举手还是没举手。你来说。

**生：**她说的是家里有弟弟，有妈妈。弟弟拉着她的手。他们很开心。

**王：**基本的意思说出来了，但是漏了很多细节。我们让第一个同学再

---

① 本文根据作者 2017 年 7 月 15 日在真语文五周年乌兰察布站小学专场执教《用多大的声音》实况整理而成，有删改。

说，大家都要听。

生：今年我过完生日第二天，妈妈给我生了一个可爱的弟弟，我每天都去医院看我妈妈。第四天，妈妈回来了，弟弟非常可爱，每天我都跟他玩儿，给他唱歌、跳舞。我把手放在他眼前，他会拉着我的手笑。

王：现在你听清她说什么了吗？

生：她刚才说她过完生日的第二天，她妈妈给她生了一个可爱的弟弟。她陪他唱歌、跳舞。弟弟拉着她的手，然后笑。

王：大家给他一点掌声。这是第一个把内容复述出来的同学。我找一个不愿意说话的同学来跟我聊天。你愿意聊什么呢？说说你妈妈叫什么？

生：段美静。

王：声音太小了，跟人说话的时候要用平声，知道吗？你妈妈叫什么？

生：段美静。

王：这个声音比刚才大多了。妈妈和爸爸对你好不好？

王旭明执教《用多大的声音》现场

生：好。

王：怎么好呢？

生：给我生了个弟弟。

王：现在你说爸爸叫什么，妈妈叫什么，他们从事什么工作，最后说他们生了一个小弟弟，叫什么，一起说出来，好吗？

生：我爸爸叫刘飞，是卖电线的；我妈妈叫段美静，是卖面膜的。他们对我非常好。我妈妈给我生了个弟弟，叫刘子豪。

王：我们给她特别特别响亮的掌声。为什么给她掌声呢？班长来说。

生：因为她一开始声音很小，后来声音变大了，而且说得很清楚，所以我们应该给她掌声。

王：非常好，不愧为班长。你看，这是不爱说话的同学，但是她只要一句一句地学，就会说话。你们说，刚才这个不爱说话的同学告诉了我们什么？

生：她告诉我们她妈妈叫什么，她爸爸叫什么，还有她妈妈给她生了个小弟弟，她非常喜欢她的小弟弟，还说了她的小弟弟叫刘子豪。

## 二

王：假如这是一缸很深很深的水。一个同学掉到了水里，另一个同学在旁边看到了。掉到水里的同学，你会怎么表现呢？

生：我会拼命地往上游，喊救命。

王：怎么喊呢？

生：救命啊，来人啊，我掉到水里啦！

王：这个声音好像不够大。

生：救命啊，我掉到水里了！

王：你看，这就是喊了。你看到同学掉到水里了，怎么办？

生：找绳子把她拉上来。

王：大家遇到这种情况的时候，拉绳子或者自己跳下去都不行，因为太危险了，那该怎么办呢？

生：打电话。

王：假如电话接通了，你说什么？

生：警察，有人掉到水里了，快淹死了。

王：我们集体喊，预备起——

生：警察，有人掉到水里了……

王：大家记住，在这样一个情境里面，不能用很低的声音说话了，要高声，还得喊。

三

王：声音有时应该大，有时应该小，什么时候应该小？

生：在图书馆里的时候声音要小，因为不能打扰别人看书。

王：这个同学看了书上的内容，非常好！假设我是图书馆管理员，你想找个座位，应该怎样说呢？

生：叔叔，请问这里有没有座位？

王：这个同学来说。

生：叔叔，这里有没有座位呀？

王：第一个同学一说话，大家都看他了，大家本来都在安静地看书，他的声音太大了，影响了大家阅读。第二个同学的声音太小了，我都听不见了。还有吗？

生：叔叔，这里有座位吗？

王：这样的声音可以，但是也偏大了。注意，在这种情况下要小声。

现在我问大家，你们愿意在这里上课，还是在平常的教室里上课？有

王旭明执教《用多大的声音》现场

两个同学表示不愿意到这里来上课，老师想跟他们聊天，但不想让其他同学知道我们在说什么。

（师生交谈）

王：你们注意到了吗，老师把耳朵贴在他们的嘴跟前，这叫什么？

生：悄悄话。

王：你们看，不同的音量在不同的地方效果是不是不一样？我们读课文用的是什么音量？

生：一般就是中音。

王：咱们现在就用这样的音量来读课文，预备起——

（生读课文）

王：很好。现在看一个小视频。

（放视频）

王：视频里这个同学读课文时犯了一个什么错误？

生：声音太大了。

王：声音太大就成什么了？

生：噪声。

生：吼。

生：喊。

生：大叫。

王：同学们，我们读课文不要喊，不要吼。

## 四

王：老师这节课讲了什么呀？谁能说出来？有三个同学没有举手，我要找这三个同学来说。

生1：用多大声音说话。

王：用多大的声音说话啊？

生1：中声。

王：中声，也就是平声，还有呢？

生1：喊救命的时候要大声。

王：还有吗？

生2：在图书馆里要小声。

王：有一个特别重要的，他们俩都没说。

生3：给大家讲故事时要大声。

王：三个同学答得都很好，就是没举手，老师要批评你们不举手。他们还有遗漏，哪位同学想补充？刚才有同学说自己不太喜欢在这里上课，老师跟他说的是什么话？

生：悄悄话。

王：谁还愿意跟老师说悄悄话？你们谁有秘密？

生：我有秘密。

（师生交谈）

王旭明执教《用多大的声音》现场

王：你们想知道他跟老师说了什么吗？

生：想。

王：你愿意把这个秘密公开吗？

生：不愿意。

王：那我保守这个秘密，我们尊重他好不好？

同学们记住，说话有音量，音量可以高，也可以低，我们还可以耳语，

113

说悄悄话。说话要控制自己的音量，预备起，说"说话要控制好音量"。

**生：** 说话要控制好音量。

（原文刊载于《语言文字报》2017 年 7 月 21 日 3 版，有删改）

## 【执教者说】

# 按照课标要求努力上好口语交际课

这是一堂 60 分的合格的口语交际课。它为什么合格？怎样做到合格的？我结合如何用好教材谈一谈。

第一，把握语文课程性质，努力做到工具性与人文性统一。这堂课的工具性与人文性统一在知识点上。知识点属于工具性的内容，而人文性则体现在和学生的交流当中。今天这堂课最大的人文性就是，告诉孩子们如果看到另外一个孩子落水，不要跟着跳下去，只能喊救命。这是让他们知道怎么保护自己。这节课的人文性还体现在教学生"学说真话"。课堂上，一个学生用悄悄话跟我说出了他的秘密。用气声说话是教材的知识点，在这个环节中，其他学生都想知道他的秘密，这时我如果说了他告诉我的话，虽然说的是真话，但会伤了这个学生的心。于是，我跟其他学生说要保守秘密，就是教他们"学说真话"。

第二，努力做到依课标、重学情、找重点、可检测。课标对口语交际有明确的要求，第一学段的要求中，第二条是"能认真听别人讲话，努力了解讲话的主要内容"，我发现这个班的学生普遍不会听话，因此重点训练了他们的听话能力；第五条是"与别人交谈，态度自然大方，有礼貌"，我从音量的角度进行这方面的教学。课标里明确说了要评价学生，"重在鼓励学生自信地表达"。我在这堂课中，特别鼓励了几个学生进行表达。评价建议特别提出设计情境，因此我设计了几个情境，让学生来交流。这些都是按课标的基本要求进行的。

我在课前做了调查，这个班是由两个班组成的，学生即将升二年级，但是有一半没有上过口语交际课。教材是一年级上册，其中只给了两个知识点：大声说话和小声说话。这堂课的训练有大声说话、中声说话、低声说话，还有用不出声的气声说话，这些是教材里面的要求。在此基础上，我提高了难度，增加了平声和耳语两个新知识点，并引出了音量的概念，还设计了相对比较复杂的几个情境，这是根据学生的特点设计的。

这个班上的孩子很不错，如果老师培养他们敢说话、爱说话、善说话、能说话，以后他们的说话能力会大大提高，他们的语文能力和个人素养也会得到相应的提高。

（本文原载于《语言文字报》2017 年 7 月 21 日 3 版，有删改）

# 《我是中国人》课堂撷英 [1]

## 一

**学生（以下简称"生"）：** 老师，您好！

**王旭明（以下简称"王"）：** 同学们好！请坐！我是王老师。你们以前见过我吗？

**（学生有的说有，有的说没有）**

**王：** 绝大部分人没有见过我，因为我是第一次来到圭峰小学。今天王老师在学术报告厅给你们上课。谁能把这句话说得跟老师说得一样完整？八个同学能说。请你说一下。

**生1：** 今天王老师在学术报告厅给我们上课。

**王：** 说得多好！还有哪名同学？我要找一个没有举手的。（看生2）这名同学你没有举手，还不会说吗？（生2摇头）好，现在假设我是你爸爸，我问你今天在哪里上课。你应该告诉爸爸，今天——

王旭明执教《我是中国人》现场

---

[1] 本文根据作者 2017 年 9 月 13 日在真语文五周年之公益行送教广东省江门市新会区圭峰小学活动中执教《我是中国人》实况整理而成，有删改。

生 2：今天……

王：大点声。

生 2：今天！

王：很好。接着说，王老师——

生 2：王老师……（该生在老师引导下，说出句子中的每一个词）

王：现在我们把刚才这句话再说一遍，能说多少就说多少。

（生一个词一个词地说）

王：大家给他掌声。你叫什么名字？

生 2：黄景进。

王：再大点声。我叫黄景进！

生 2：我叫黄景进！

王：说得多好！以后大家要多让黄景进同学讲话，然后再给他鼓掌，好不好？

生：好。

王旭明执教《我是中国人》现场

## 二

王：大家学过这篇课文没有？

生：学过。

王：我考考你们学得怎么样。大家看书中这幅图，你们都看到了什么？（生沉默）什么都没看到？你们不会看书，再仔细看，一会儿我再提问。

生3：我看到五十六个民族、天安门、五星红旗，还有"我是中国人"五个字。

王：你看到这么多东西。这确实是学过的表现。你怎么看到了五十六个民族呢？

生3：老师上课的时候讲过。

王：这是老师说的，并不是你看到的。我要大家回答自己看到了什么。

生4：我看到"我上小学了"。

王：我上小学了？有"小"这个字吗？

生4：没有。

王：大家看书一定要仔细。这位同学说看出五十六个民族，怎么看出来的？

生5：他们穿的衣服不同。

王：好。这位同学看到了这些孩子都穿着不同的服装，因此他判断是五十六个民族。他是从书里读出来的，是今天我们班里最会看书的。

## 三

王：现在我问这一排的同学，你们是在什么地方出生的？

生6：不知道。

王：不知道？没关系，再想想。你在哪儿出生的？

生7：我在香港出生。

王：香港出生的。来，请到前面来。还有在香港出生的同学吗？

生8：我也是。

王：请过来。还有谁在香港出生？都到台上来。那么其他的同学都是……

生6：我也是在香港出生的。

王：哦，你终于想起来了。这几个同学都是在香港出生的。其他同学都是在我们内地出生的，对不对？

生：对。

王：无论是在内地出生的，还是在香港出生的，我们都是——

生：中国人。

王：好。这六个同学一起说，"我们是在香港出生的中国人"。预备，起！

生：我们是在香港出生的中国人！

王：真好！同学们，你们之中除了汉族学生，还有其他民族的同学吗？

王旭明执教《我是中国人》现场

生：没有。

王：我们国家还有很多少数民族。你们知道有哪些？

生：苗族、维吾尔族、土家族、彝族……

王：好。同学们要记住，不管是在中国内地出生，还是在香港出生；不管是汉族，还是其他少数民族，都是什么？

生：中国人。

王：很好，我们都是中国人。

四

王：现在我让一个同学说说从图上看出了什么，下一个同学不能跟他说的一样，而是要补充他遗漏的内容。你看到了什么？

生9：五十六个民族。

王：五十六个民族吗？只说你直接看到的。

生9：五十六个小孩。

王：没错。五十六个小孩每人都代表一个——

生9：民族。

王：好，请坐。你们还看到了什么？注意，已经说过的内容不许重复。仔细看书。

生10：我看出来了，天安门上有很多大字，有"中华人民共和国万岁"。

王旭明执教《我是中国人》现场

王：你再说一遍。

生10："中华人民共和国万岁。"

王：这几个字是在哪里出现的？

生10：天安门城楼上。

生11：我看到了毛泽东的肖像。

王：谁的肖像？

生11：毛泽东。

王：好。我要表扬刚才发言的两名同学。第一个同学看到了天安门城楼上的标语，第二个同学看到了标语旁边的毛泽东肖像。毛泽东是谁？

生12：我们国家以前的主席。

王：具体一点，哪个国家的主席？

生13：中国的主席。

王：大家记住，毛泽东是我们中华人民共和国的第一位主席，他是我们的建国领袖。大家记住毛主席，记住"中华人民共和国万岁"，其他的知识以后再了解。大家还看到了什么？不许重复。

**（多名学生发言）**

王：同学们已经学过这一课了，但是从今天的情况看，大家对这一课中最重要的内容，还没有看全、读准。大家记住，上语文课不是看图。我们在幼儿园时就会看图了，一年级要会看图上的字，还要会读、会写。下面谁能完整地告诉我，在这一课书里面的四处文字，第一处是什么，第二处是什么，第三处是什么，第四处是什么。谁能回答？举手。

**（生说）**

## 五

王：有没有同学会写"我是中国人""我上学了"这两句话？

**（生举手）**

王：这么多同学会呀！这名同学，请到黑板上写"我是中国人"。下面的同学请举起右手，用手指在空中写。不要看黑板前的两名同学，不会的同学低头看书。

**（生写）**

王：他只写了"中国人"，没写"我"和"是"。谁会写"我上学了"？这名女生，请到黑板上来写。（生写）非常好，都写对了，只是有个字没写好。大家说是哪个字？

生："我"。

王：大家请看，书上的"我"怎么写？撇，横，竖钩，提，斜钩，撇，

王旭明执教《我是中国人》现场

最后是一点。天安门旁边那两幅字很难写，我今天没有教大家写，只是让你们会读、会认这几个字。大家下课后练习写这几句话。

## 六

王：大家记住，从今天开始我们学习语文。每一节语文课都要干什么？

生：读语文书。

王：要好好地读语文书，语文书上有好多好多图，我们要看图，更要看字。通过字来干什么？

生：写。

王：来理解图片。不要只看图，要识字，这才是学语文。识字和写字是我们学语文的目的，明白了吗？

生：明白了。

王：我们要多识字，多写字。今天我们在这幅图上发现几处文字？

生：四处。

王：对，四句话。马上就要下课了，我们再说一遍，"我是中国人""我上学了""中华人民共和国万岁""世界人民大团结万岁"。预备，起！

（生说）

王：真好，同学们，下课！

（本文原载于《语言文字报》2017 年 9 月 20 日 3 版，有删改）

## 【执教者说】

# 把语文课上成语文课

我为什么要讲这样一堂课呢？因为这是小学生入学后的第一堂语文课。"开学第一课"非常重要，一定要上好。因为从这节课开始，孩子开始思考什么是语文，他们在语文课上应该学什么。

我讲这节课，还因在一份很有影响力的报纸——《中国教育报》上，看到了清华大学附属小学一位老师讲这堂课的一些片段。这节课上，老师让孩子们唱《大中国》，看电子屏幕上的课文，拍着胸脯说"我是中国人"；让孩子们看图，说说我国有哪些少数民族；让班里的少数民族学生上台，孩子们一起拍手、一起唱歌，在歌声中结束了这节课。我认为，从报纸刊登的教学片段看，这堂课从教学设计到学情掌握，从教学环节安排到重点、难点确定，对照现行的语文课程标准衡量，都存在比较严重的问题。这些问题的核心，是没有把语文课上成语文课。

我们是语文老师，上的是语文课，因此一定要突出"语"和"文"。如何突出？我以自己这节课为例，谈四方面。

第一，引导学生学会看书。语文课要慎用 PPT、音乐、视频等。语文课就是要引导学生看书，而不是把课文内容打在大屏幕上。光看书还不够，还要会看。对于一年级的孩子来说，重点不是看到图中的五十六个孩子，而是图中的四幅标语，从图中看到字，才是语文的内容，才是小学一年级与幼儿园大班的不同。

第二，培养学生说话的习惯。这节课上我特别注意培养学生说话的习惯，让他们大声说话，把话说完整。当然一堂课不能完全体现出训练效果，但通过几年不断地强化，学生慢慢就会变得能说、爱说、敢说、会说。这个班有一个学生不会说话，而且特别不爱说话，我请他到前面来，把一句话先去掉几个词，让他张开嘴说；再逐渐加上几个词，慢慢地他就能完整说下来了。

第三，思想教育自然融入语文能力训练之中。是不是突出了"语"和"文"，内容、思想、主题就没有了呢？不是的。突出了"语"和"文"，课文内容、思想、主题会自然地融入教学中。比如这节课上，如何引导学生理解"我是中国人"？我让学生说说自己的出生地，没想到，班里有六个学生是在香港出生的，我就把这些孩子叫到前面来，然后告诉所有学生，无论是在内地还是在香港出生，我们都是中国人。

第四，重学情。教学过程中，我不断根据学情的变化做出调整。今天这节课学生已经上过了，于是我让他们说说图中有哪些内容，结果没人说话；后面看图说话时，他们也都没有发现天安门城楼上的两句话。这说明他们学得还不到位。于是我把重点放在了教他们看图说话、练习写字上。如果这个班学生水平比较高，我就会让他们把天安门城楼上的标语也写一写，但我发现他们写"我上学了""我是中国人"都比较吃力，因而就到此为止，不再深入。这就是重学情，根据学情变化调整讲课内容。

我讲课是"抛砖引玉"。希望大家一起努力，扎扎实实地进行语文知识的教学和学生语文能力的培养，追求工具性与人文性相统一的语文课。

（本文原载于《语言文字报》2017 年 9 月 20 日 3 版）

# 《四季》课堂撷英 ①

一

王旭明（以下简称"王"）：上课！同学们好！

学生（以下简称"生"）：老师您好！

王：老师是从北京来的，北京现在已经是冬天了，现在咱们重庆是什么季节？

生1：冬天。

生2：秋天。

王旭明执教《四季》现场

王：有说冬天的，有说秋天的，这里的天气的确和北京很不一样。除了冬天和秋天，大家还知道什么季节？

生：春天、夏天。

王：一年有四个季节，咱们今天学的这篇课文就叫《四季》。大家把

---

① 本文根据作者 2017 年 11 月 16 日在真语文五周年之公益行送教重庆市南岸区天台岗小学活动中执教《四季》实况整理而成，有删改。

书打开，用五分钟时间自由朗读，能背下来更好。如果有不会读的字，就把它标出来，看能不能借助旁边的拼音读；如果还不会，就问问旁边的同学；再不会，五分钟后问老师。

（**生朗读、背诵**）

<h2 style="text-align:center">二</h2>

王：课文里的字都认识了吗？

生：认识了。

王：现在看黑板，老师每写一个字你们就读出来。

（**师板书十个生字，生读**）

王：书上也有这些字，其中三个字上头还有红色小标记。谁能说说是哪三个字？

王旭明执教《四季》现场

生3：夏、蛙、说。

王：对。第一个是"说"，红色小标记是它的偏旁，言字旁；还有"蛙"字，是虫字旁；还有"夏"字，是折文旁。我们记住这三个字和它们的偏旁。这一行里还有一个字，和其他字的颜色不一样。是什么字？

生4：地。

王：为什么这个字和其他字颜色不一样呢？

生5：因为它读轻声。

王：它还有什么念法？

生5：地（dì）。

王：对，它是多音字。现在这一排同学"开火车"，每个人读一个字，开始。

（生读）

王：课文下面的田字格里有三个字，大家来写一写，我找三个同学到黑板上来写。

（师找三个没有举手的学生，分别写"天""四""是"，其中"四"

王旭明执教《四季》现场

写了三遍）

王：你们知道为什么老师让他写了三遍吗？

生：他写错了笔画。

王：对。他先把"口"给封上了，应该最后再写那一横。今天这堂课要求大家会读前面的十个字，会写这三个字。还不会写的同学要多练习。

## 三

王：刚才很多同学举手，说能背下课文了。我们先集体把《四季》背诵一遍。

（生背）

王：看来绝大部分同学都背下来了，说明大家预习得很好。现在老师要检查一下个别同学的背诵情况。你先来背第一段。

生6："草芽尖尖，他对小鸟说：'我是春天。'"

王：你是读，不是背。另一个同学来。

生7："草芽尖尖，他对小鸟说：'我是春（cūn）天。'"

王：不是"cūn"天。"chūn"和"cūn"要分清楚。再说一遍。

王旭明执教《四季》现场

生7：春（chūn）天。

王：我这一检查，发现还真有同学没背下来。现在再给大家两分钟时间背诵，之后同桌互相检查。

（生背）

王：时间到，老师要检查了。你来背第一段，你背第二段。

（生8、生9顺利背完）

王：很好。这位同学来接着背。

生：他不会的。

王：你们怎么知道他不会？

生：因为他上课不听讲。

王：瞎说，老师就喜欢这个孩子！你先把这一段读一下。其他同学不许说话，认真听这个老师最喜欢的同学发言。你把这一段大声读一下。

（生10读，读得有些磕磕绊绊）

王：再读一遍，读得顺畅一些。

（生10再读，有明显进步）

王：大家把掌声给这位同学。老师最喜欢他，其他同学以后不许再说他，否则老师就批评你们。

## 四

王：同学们，这篇课文跟以前学的课文有什么不同？它为什么是一行

王旭明执教《四季》现场

一行写的呢？为什么不连起来写？谁知道为什么？

生11：因为它们是不同的季节。

王：不同季节就要分开写吗？"草芽尖尖"后面是个逗号，为什么后

面不接着排呢？

生12：因为后面还有图。

王：大家记住，这是一首诗。诗还有其他特点，你们以后会学到，今天只要记住：分了行的文章就是诗。以后我们再说到这篇课文时，就要说"这首诗"。这首诗写了什么？

生13："草芽尖尖。"

生14：他对小鸟说……

生15："我是春天。"

王：你们要用最简单的词句，概括这首诗写了什么。这首诗的标题就是它写的内容，大声说标题是什么？

生：《四季》。

王：那这首诗写了什么？

生：春、夏、秋、冬四个季节。

王：对！以后老师再问你们这首诗写了什么，不能再把诗从头背到尾。

### 五

王：这首诗共分为几小节？

生16：什么叫小节？

王：有知道的吗？

生17：四小节。

王：大家看书，每隔几行都会空出一点距离，这几行诗就是一小节。我们把第一小节集体读一遍。

（生读）

王：我们看第一小节。"草芽尖尖"，"尖尖"是什么意思？

生18：就是说草芽上面是尖的。

王：我说"草芽尖"行不行？

生18：不行。

王：为什么不行？

生18：因为很难听。

王：说得很好。我们学语文就是要把话说得不难听。"草芽尖尖"，同一个字，再重复说一遍，这叫什么？

生：叠词。

王：很好！你们还知道什么叠词？

生：姐姐、妹妹、哥哥……

王：这可把老师难住了！是两个一样的字叠在一起了，但它们是名词，而我们说的叠词主要是描写事物某种状态的，是形容词。草芽"尖尖"，如果形容桃花呢？

生：桃花美美、桃花片片、桃花朵朵……

王：如果说泉水呢？

生：泉水咚咚。

王："他对小鸟说"，"他"是谁？

生：草芽。

王：把"他"改成"草芽"行不行？

生19：不行，草芽不能说话。

王：那诗里的草芽就在对小鸟说话呀！

生19：在心里说的……

王：动物、植物有心吗？

生19：有，它们也有生命。

王：草芽是不会说话的。大家看，文中的"他"是人字旁，说明作者把植物当成了人。我们再读一遍这一小节。

（生读）

王：你们要读得有一点美感，听老师读。（示范读）

（生读）

王：我们今天学了《四季》，我给大家留两个作业。第一，每个同学都要把这首诗背诵下来。第二，课后的三个生字要会写。再想想自己最喜欢哪个季节，试着学习课文的写法，将某个季节比喻成某一个事物。下课，同学们，再见！

（本文原载于《语言文字报》2017 年 11 月 22 日 2 版，有删改）

【执教者说】

# 遵循十二字标准，上合格阅读课

我是第一次上小学阅读课。我这堂课肯定不那么优秀，但是很合格，或者说规范。为什么呢？因为我是严格按照"十二字标准"——依课标、持教材、重学情、可检测，来讲课的。

先说依课标。老师要按照课标要求确定课型。《四季》是典型的阅读课，建议安排一到两个课时。我原来准备讲一个课时，但从学生学习情况来看，应该讲两个课时，把写作、口语交际等内容加进去。

确定课型之后，要看课标对这一学段这类课型的教学要求和建议是什么，找出与所讲的课文关系更紧密的方面。比如，课标要求第一学段的阅读教学要让学生"喜欢阅读、感受阅读的乐趣""用普通话正确、流利、有感情地朗读课文"。在教学建议部分强调"阅读个性化"，于是我就问同学们喜欢哪个季节，不喜欢哪个季节，培养他们感受、理解、欣赏和评价的能力。又如"随文学习必要的语文知识"，我在讲课中让学生了解叠词、笔画、笔顺等，拟人手法也简单讲了一下。

再说持教材。首先是确定课文体裁。小学阶段不用长篇大论地讲体裁，但至少要告诉学生诗要分行。此外，还要讲教材中要求本节课讲的知识点，包括概括内容，识字写字，学习叠词、拟人等手法。实际教学中，老师要根据学生情况适当调整教学设计。比如，概括这首诗的内容时，学生总在背诗，于是我就改变了方式，让他们说说这首诗的题目是什么。

接着说重学情。每上一堂课之前，老师都要了解学生的基本情况，包括学生来自城市还是来自农村，学校是重点校还是非重点校。天台岗小学是比较好的学校，这个班学生的课堂反应、知识积累等都很不错，因此我对教学环节做了不少调整。

我特别要说一点：对能力比较差的学生，老师一定要找机会鼓励，千万不能让班里其他同学集体讽刺、挖苦这样的学生，说"他不好""他不行"。

今天上课时就出现了这样的情况，我当堂批评了说坏话的孩子。当然，我们都喜欢聪明伶俐的孩子，但对那些不够聪明伶俐的孩子，不要吝啬鼓励。这个学生也许背不出课文，那让他读一遍也好，这也许就是他转变的开始。

最后说可检测。最重要的是看学生能否完成课后练习。这一课书后有两类习题。一是读写生字、朗读背诵。有三个字是教材要求会写的，我让三个学生上黑板写。其中一个写"四"，两遍都把笔顺写错，我当堂纠正，他第三遍就写对了。课堂上我还检查了学生朗读和背诵课文的情况，大多数学生都能完成。二是让学生说说喜欢哪个季节。我布置学生课下完成，并特别要求"仿照课文里的话说一说"。

（本文原载于《语言文字报》2017 年 11 月 22 日 2 版）

# 《雪地里的小画家》课堂撷英<sup>①</sup>

## 一

**王旭明（以下简称"王"）**：同学们，今天是中牟的第一场雪吗？

**学生（以下简称"生"）**：是。

**王**：大家上学的路上看到雪了吗？

**生**：看到了。

**王**：你看到的雪是什么样子？

**生**：白色的。

**王**：你看到的雪是什么颜色？

**生**：蓝色。

**王**：你真棒，看到蓝色了。还看出什么颜色了呢？不许重复。

**生**：黑色／彩色／红色／灰色／绿色。

**王**：老师只看到了白色，你们怎么看到那么多颜色？我想你们没看到，只是脑子里想到了，是不是？接下来咱们看看作家叔叔笔下的雪是什么样的。大家一起念课题："第十二课，《雪地里的小画家》。"

（生齐读）

（学习笔记：由"雪是什么样子的"谈话导入课题，一方面是因为窗外正在下雪，紧密联系生活实际；另一方面打破学生思维禁锢。当学生说出雪是各种颜色时，思维和想象被激发，为接下来的语文学习做好了铺垫。这恰恰是王旭明老师的设计目的：学诗、读诗乃至写诗必须有想象力。）

## 二

**王**：我给大家五分钟的时间读课文，默读也行，出声读也行，能够背下来更好。（五分钟后）同学们听老师读一遍，看看你们把各个音读得准不准。（师读）现在咱们集体读一遍，不要嚷嚷。

（生齐读）

**王**：作者笔下的雪，和刚才我们见到的黑的、白的、绿的，一样不一样？

---

① 本文根据作者 2017 年 12 月 14 日在真语文五周年之公益行送教河南省郑州市中牟县活动中执教《雪地里的小画家》实况以及河北师范大学附属小学教师王丽华的学习笔记整理而成，有删改。

生：不一样。

（学习笔记：引导学生整体感受课文内容，渗透和培养学生的整体意识，王旭明老师曾在多个场合强调过：学生读书一定要有整体感受力，整体感受课文是今后学习结构的前提和基础。）

三

王：现在我们来看生字。第一个，"雪"。它由几个部分组成？

生：两个部分。

王：因此叫作合体字。下一个，"竹"。我们读的时候舌头要翘起来。组一个词。

生：竹子、竹林、竹笋。

王："牙"，这是一个独体字，组一个词。

王旭明执教《雪地里的小画家》现场

生：门牙、牙齿、月牙。

王：下一个，"用"，它的韵母是什么？

生：ong。

王：下一个，"参"。读"参"时要把舌头放平，读平舌音。组一个词。

生：参加、参观、参与。

王：下一个，"力"字加"口"字，这个字念什么？"加"。组个词。

生：加法、加油、加减、加工、加号。

王：能组出那么多词，同学们真聪明。下一个，"洞"。刚才有一个字和它的韵母一样，是什么？

生："用"。

王："用"和"洞"的韵母是一样的。最后一个字，"着"，这个字在书上的颜色不一样。

生：它是多音字。

王：这个字在课文当中念 zháo。它还念什么？

生：zhe。

王：现在我们开始接龙，每个同学站起来读一遍这个字的音，再组一个词。

（学习笔记：王旭明老师没有使用课件出示字词，也没有事先将字词写到黑板上，而是边板书边让学生逐一认读，相机进行字音、字形、字义的教学，渗透了字的结构、加一加的记字方法等语文知识，还通过口头组词巩固识记生字。这样的字词教学给我很大启发：语文教师要有扎实的书写基本功，敢于在学生面前一笔一画地写字。这也是写字指导的一种形式，对学生书写兴趣的激发、书写能力的培养等都具有潜移默化的作用。）

## 四

王：同学们，我们今天学的这篇课文是诗，它分成了许多行。凡是分成一行行的文章，我们都叫它诗。大家看课后练习的第一题，"朗读课文，背诵课文"，可以改成"朗读诗，背诵诗"。同学们，要朗读诗，就要有感情。第一句要读得特别轻，"下雪啦，下雪啦"；第二句要读得很平静，"雪地里来了一群小画家"。这样感情是不是非常饱满？咱们再读一遍。

（生齐读）

王：雪地里来了哪些小画家？

生：小鸡、小狗、小鸭、小马。

王：它们不是动物吗？怎么成小画家了？

生：因为下雪了，它们的脚印落在雪上，看起来很像一幅画。

王：下雪了，它们就成小画家了？要是不下雪，它们就不是小画家了吗？大家想想，小鸡、小狗、小鸭和小马是动物，画家是动物吗？

生：画家不是动物。

王：画家是什么？

生：是人。

王：把动物写成像人一样，这就是想象。大家要会用动物变人的办法来想象，也可以把人想象成动物。这样一想象，四只小动物就变成了四个小画家。谁能再想出第五个你见过的动物来当小画家？

生：大象。

王：说得特别好。她虽然发音还不是很清晰，但第一个做出了回答。谁能想出更多？

生：小猫、老鼠、小鸟、老虎、狮子。

王：看，大家一想象，就把这么多动物都变成画家了。文中谁没出现？

生：青蛙。

王："青蛙为什么没参加？他在洞里睡着了。"作者看到青蛙了吗？

生：没有。

王：他是怎么写出来的？

王旭明执教《雪地里的小画家》现场

生：想出来的。

王：前面四个"小画家"是作者看到的，青蛙是作者想到的。作者描绘了两幅雪景，一幅是他看到的，还有一幅呢？

生：是他没有看到的。

王：没有看到的是怎么写出来的？

生：他想到的。

王：青蛙为什么没参加？因为青蛙要冬眠。这里有一个什么标点符号？

生：问号。

王：大家要把疑问的语气读出来。我们再集体读一遍，要有感情。

（生齐读）

（学习笔记：怎样把课文读好？王旭明老师把朗读指导和课文体裁紧密联系起来。这是一首诗，写诗、读诗都离不开想象。想象诗中画面，边读边想，边想边读，营造了很好的朗读氛围。当然，王旭明老师也没有忘记适时范读、引导学生关注问号等，通过具体、扎实、有效的朗读指导，学生的朗读水平明显提高。）

## 五

王：同学们，这首诗写得美不美啊？

生：美。

王：我刚才问你们见过的雪景是什么样的，有的同学说白色的，有的说黑色的，还有的说彩色的。你们并没有见过，就是想象，很好，想象中的雪是黑色的、彩色的，这都很好。不过，你们看这首诗中写的，是不是比我们同学说得更美？

生：是。

王：为什么这首诗写得这么美呢？因为作者是用很多汉字写的，汉字很美。今天这堂课，我要求大家写五个字。第一个字是"竹子"的"竹"。这是一个合体字，这两部分要放在田字格两边，一边一半，"竹"字有几笔？

生：六笔。

王：好。抬头看老师，撇，横，竖，再一撇，横，竖钩。大家先在书上描红，然后再写一个，看谁写得快。注意字的两部分要对称，竖钩不要钩得太长。第二个，"牙"，跟"竹"一样有一个竖钩，注意撇不要太长。告诉老师，"牙"有几笔？

生：四笔。

王：第三个要写的字是"马"，"马"字有几笔？

生：三笔。

王旭明执教《雪地里的小画家》现场

王：大家看，这里有一个竖折折钩，注意钩不要太长。第四个字是什么？

生："用力"的"用"。

王：刚才那个是竖折折钩，这个是横折钩。大家看田字格，中间的竖要在中间的位置，两边对称。告诉老师，"用"有几笔？

生：五笔。

王：最后一个"几"字，谁能一眼就看出有几笔？

生：两笔。

王：别看就两笔，这个折要有点弧度，不是横折钩，是横折弯钩。一撇，横折弯钩。

（学习笔记：王旭明老师以前的课上从未出现过书写指导。现在他在课上指导写字，我想是因为他关于低年段写字教学的观念发生了变化，认为写字指导很重要。王旭明老师指导得较为扎实，不断强调笔顺、笔画名称等，并进行书写示范。当然，如果能在课堂上让学生多动笔书写，效果会更好。）

## 六

王：这五个字，老师下节课要考你们会不会写。这是第一个作业。第二个作业是，下堂课要检查每个同学的背诵。我们看一下课后练习第一题。

生：朗读诗、背诵诗。

王：真好，不说"课文"，说"诗"，朗读这首诗，背诵这首诗。第二题，雪地里来了哪些小画家？

生：小鸡、小狗、小鸭、小马。

王：他们都画了什么？

生：竹叶、梅花、枫叶、月牙。

王：青蛙为什么没参加？

生：因为青蛙睡着了。

王旭明执教《雪地里的小画家》现场

王：大象为什么没参加？

生：冬眠了。

王：大象也冬眠了？大象在遥远的南方。斑马怎么没有参加？

生：斑马在非洲。

王：老虎为什么没参加？

生：老虎在东北大森林。

王：好，下节课咱们再讨论没有参加的小画家还有谁，他们都干什么去了。今天放学以后，我们就在雪地里看看还能找到哪些小画家。

（学习笔记："可检测"是王旭明老师一直坚持的评价课堂效果的重要依凭之一。评价的内容首先就是课后练习题。这是一种导向：上好语文课要研读教材，要用好教材；教学不是炫技，要务实，让学生有实实在在的收获。）

（本文原载于《语言文字报》2017 年 12 月 20 日 1 版，有删改）

## 【执教者说】

# 遵循十二字标准，上合格语文课

怎么做到依课标、持教材、重学情、可检测？我以《雪地里的小画家》为例说一说这十二字标准。

先说依课标、持教材。老师要做的第一步是分清体裁。这一篇课文属于文学类型，而且属于儿童文学类型，是一首儿童诗。课标对文学类课文有明确要求，但小学老师讲这类课文，常常讲不出文学味。文学味不是通过朗诵就能讲出来的。我反复给学生讲小鸡、小狗、小鸭、小马怎么变成画家，怎么变成人，告诉学生这是想象。我虽然没有讲文学知识，但是文学味渗透在这里了。尤其是，我告诉学生可以把动物想象成人，也可以把人想象成动物。

第二步是确定结构。全诗有多少句，句与句之间是什么关系，老师心里要明白。我今天没多说结构，但实际上我灌输了结构意识。我问学生：作者看到了四个小画家，小鸡、小狗、小鸭、小马，这些他都看到了，青蛙在哪里呢？他看到了吗？学生回答没看到。作者写了看到的，又写了没看到而是想到的，看到的和想到的是两个层次。这就是结构意识。

分清体裁、确定结构，是语文老师的基本功。第三步是确定教学方法。要是把小鸡、小狗、小鸭、小马的画拿出来，不让他们想象这些动物是什么样的，这样是破坏学生的想象力，学生没有什么收获。我的方法就是自己讲两句话，学生背几句课文，我再写几个字，学生再写几个字，来回穿插。这样讲、背、读、写，学生就是在学语文。

这节课严格按教材设计推进，我只做了一处改动，就是明确把课后练习中的"课文"二字改成"诗"，强化体裁意识。为什么一定要改？因为这篇课文叫诗更合适。学生答得很好，最后都记住了这是诗。

再说重学情、可检测。课前十几分钟我问了学生，知道了他们既没有学过这篇课文，也没怎么预习，这样我心里对于学情就有谱了。此外，一堂合格的语文课一定是可检测的，检测的标准就是课后练习。这一课有两道练习题，课堂从开始到最后，我都是紧紧围绕这两道练习题讲的。学生在课上基本都能把课文背下来了，也基本会识字、写字了，课后再稍微巩固一下即可。

今天的课是第一课时，完成知识点的教学，这是工具性。在第二课时，我会用半节课检查他们完成作业的情况，剩下半节课，我准备让学生展开想象写一句话，这就是读写结合。《雪地里的小画家》是培养学生想象力的好课文。有一个学生说老鼠是小画家，对此，老师要鼓励，只要学生能想象，即使说老虎也行。学生说得越丰富，越是能展现他们的想象力。对大自然的热爱和想象力的发挥，就是这节课的人文性。

（本文原载于《语言文字报》2017 年 12 月 20 日 2 版）

# 《推荐一部动画片》课堂撷英 ①

**一**

**王旭明（以下简称"王"）**：同学们，你们上过在一起聊天的课吗？

**学生（以下简称"生"）**：没有。

**王**：好，我们今天就上一堂在一起聊天的课。当然，聊天不是瞎聊，要按照书上的要求来聊，按书上什么要求呢？请大家将书翻到第 111 页，集体读一遍题目。

**生**：推荐一部动画片。

**王**：再大声一点！

**生**：推荐一部动画片。

**王**：很好，推荐一部动画片，什么叫推荐？

**生 1**：我觉得应该就是介绍。

**王**：还有别的说法吗？

王旭明执教《推荐一部动画片》现场

---

① 本文根据作者 2018 年 5 月 17 日在全国真语文双线统一教学活动（重庆站）中执教《推荐一部动画片》实况整理而成，有删改。

生2：我觉得应该是分享。

王：这词比"介绍"更深了。

生3：推荐、介绍、分享，还有解释。

王：推荐就是介绍、分享，向谁分享，向大家分享，向谁介绍，向别人介绍。对吗？向别人介绍一部动画片，该怎么介绍呢？请一位同学读第111页中第一段，其他同学看书。我会让读的同学突然停下来，你要能接上。

生4：在你看过的动画片中，哪一部给你留下的印象最深刻？给同学们吧！

王：她多读了一个字，少读了两个字，读错了两个字，都是哪些字？

生5：课本中的话是"哪一部给你留下的印象最深"，她读"最深"时多加了一个"深刻"的"刻"字。

王：她少读了两个字，你知道是哪两个字吗？

生6：好像是"推荐"两个字。

王：同学们看着我，好像是"推荐"两个字，好像、推荐，来。

生6：好像是"推荐"两个字。

王：很好，知道了吗？你再读一遍。

生4：在你看过的动画片中，哪一部给你留下的印象最深？推荐给同学们吧！

王：再说一遍，"推荐给同学们"。

生4：推荐给同学们。

王：大家给她掌声。知道为什么给她掌声吗？她平常不太爱读，刚才也没有举手，但是站起来读得很好。

## 二

王：下面，我请同学说说在你看过的动画片中，哪部动画片给你印象最深？比如可以说：在我看过的动画片中，《大闹天宫》给我印象最深。

生7：在我看过的动画片中，《奔跑吧兄弟》给我印象最深。

王：没说清楚，中间有个词你说得特别快，什么片，你再说一遍。

生7：在我看过的动画片中，《奔跑吧兄弟》给我的印象最深。

王：《奔跑吧兄弟》是不是动画片？不是。没关系，它虽不是动画片，但给你的印象最深。

生8：在我看过的动画片中，《葫芦娃》给我的印象最深。

王：很好。

生9：在动画片中，《快乐大本营》给我留下的印象最深刻。

王：《快乐大本营》是动画片吗？不是动画片，是一个电视节目。

生10：和弟弟一起看的《汪汪队立大功》，给我印象最深。

王：现在请同学们看书，这四位同学看的是不是动画片没关系，但是他们说话的时候，有的地方很快，别人没有听清楚。大家看第111页右下角有一个黄框框，请一位同学读一读黄框框中的文字。

生11：注意说话的速度，让别人听清楚。

王：刚才四位同学说话时，其中个别的词和动画片名字一闪而过，所以老师没听清楚，还要再问一遍。我们说话时把速度放慢一点，让别人听清楚，好不好？第二句，你再读一下。

生12：认真听，了解别人讲的内容。

王：一个同学发言的时候，你应该怎样？

生：认真听。

王：好，我要检测你听到了没有。从这里开始，你说说自己喜欢的动画片是什么？

生13：我最喜欢的动画片是《神笔马良》。

王：我最喜欢的动画片是《神笔马良》，你请坐。接着。

生14：我最喜欢的动画片是《熊出没》。

王：是什么？又说得让人听不清了。

生14：《熊出没》。

王：《神出没》？

生14：《熊出没》。

王：什么？《熊出没》，老师怎么听出"神"来。"神"和"熊"不分，请你再说一遍，熊。

生14：熊。

王：熊，不是"行"，熊。

生14：熊。

王：集体跟老师说一遍，熊。

生：熊。

王：《熊出没》。

生：《熊出没》。

王：接着说。

生15：我最喜欢的动画片是《睡衣小英雄》。

王：睡衣小？

生15：英雄。

王：小什么？

生15：小英雄。

王：英雄，是吗？

生15：对。

王：原来是"小英雄"，老师得猜。跟老师一起说，英雄。

生：英雄。

王：你再说一遍。

生15：英雄。

王旭明执教《推荐一部动画片》现场

王：说得不够完整。

生 15：我最喜欢的动画片是《睡衣小英雄》。

王：真好，大家给他掌声，进步很快。

## 三

王：接下来，大家齐读第 111 页中第二段。

生：跟大家说说，这部动画片给你留下了怎样的印象，也可以讲讲最吸引你的人物或故事片段。

王：谁能告诉我，这一段话讲什么内容？

生 16：它让我们说这部动画片给自己留下了怎样深刻的印象。

王：给你怎样的印象，有没有"深刻"？给你留下了怎样的印象，什么叫怎样的印象？这部动画片特别好，是不是印象？

生 16：不是。

王：什么叫印象？什么叫最深的印象？怎样的印象？

生 16：我觉得动画片里最吸引人的那一段就是最吸引人的印象。

王：这位同学说了一个词"吸引人"。这部片子"特别吸引人"，或者"特别好"，这都是印象。除了"吸引人""特别好"，还有什么词？刚才我们只是说了自己最喜欢的动画片片名是什么，现在你要给我加个"特别吸引人"，或者"特别好"，或者？

生 17：特别难忘。

王：这是一个很好的词。

生 18：特别精彩。

生 19：还有喜欢看的部分。

生 20：重要的部分。

王：重要的部分、吸引人、精彩、特别好，都是印象。那么，你说的动画片怎么精彩，怎么好了？课本第 111 页第二段中第三小句说的是什么？

生：讲讲最吸引你的人物或故事片段。

王：可以讲一个人，还可以讲什么？

生：故事片段。

王：片段是不是一件事？可以讲一件事情的片段，也可以讲一个人，对不对？这是书上的要求，今后我们学习语文不仅仅看老师、看黑板，最重要的是要以书为准，以书为老师。下面，我们要提高难度，请你给同学推荐一部你觉得特别精彩的动画片，并给他介绍这部动画片怎么精彩，怎么吸引你。你可以具体说说动画片中的一个人物或者一件事。我给大家三分钟，两人为一组，一组中的同学互相推荐一部各自觉得特别精彩的动画片。注意，要这样说：在我看过的动画片中，哪部特别精彩，比如说什么人，或者什么故事。

（小组讨论）

王：好，停下来。同学们说得挺热闹的，但是我发现一个问题，你们在底下说话的时候，习惯于嘴唇碰嘴唇，说得很快，这样会让别人听不清你说的话。所以我们说话不要光嘴唇碰嘴唇，而是要用嗓子。大家跟我一起张嘴，不发出声音，能张多大就张多大。说话的时候要把嘴张开，从嗓子里发音。现在请你们在互相推荐的过程中，选一个你们认为最好的，能代表你们组在全班发言的同学。再给三分钟时间，开始。

（生互相推荐）

王：好，同学们停下来。凡是要代表你们小组发言的同学都换到这个位置上来。第一组、第三组和第五组的同学，要重点说哪一部动画片给你们留下的印象最深，是什么印象，然后讲述其中一个人物或者一个故事。第二组、第四组和第六组的同学要认真听，我可能中间突然喊停，你们要能接上他的话。

生21：我最喜欢看的是《熊出没》。

王：停，要用嗓子说，再清楚地说一遍。

生21：我最喜欢看的是《熊出没》，因为我觉得——

王：注意发音，因为……

生21：因为……

王：喘足了气再说，因为……

生21：因为我觉得《熊出没》说明了一个道理，就是要保护森林。

王：保护森林给你留下特别深的印象，是吗？

生21：是。

生22：我喜欢看的动画片是《睡衣小英雄》。

王：停，这位同学喜欢的动画片是什么？

生23：《睡衣小英雄》。

王：说清楚，什么小英雄？

生23：《睡衣小英雄》。

王：你看过《睡衣小英雄》吗？

生23：没有。

王：听他介绍。

生22：里面的人物有猫小子、飞壁侠。

王：停，你看过动画片《睡衣小英雄》吗？

生24：没有。

王：告诉老师动画片《睡衣小英雄》里有哪两个人物？

生24：飞壁侠和猫小子。

王：你接着说。

生22：还有猫头鹰女。

王：猫头鹰女，这三个？

生22：对。

王：他们为什么给你这么深的印象？

生22：白天，他们发现了一些奇怪的事情，到晚上，他们就披上睡衣戴上面具变身为超级英雄去调查这些事情。

王：大家给他掌声，这位是到目前为止说得最好的同学。

生25：在我看过的动画片中，我最喜欢的是《西游记》，它给我留下的印象最深刻。

王：停，他刚才说什么？

生26：他刚才说他最喜欢的动画片是《西游记》。

王：还有一句话，最关键的一句话你没听出来，《西游记》给他的印象怎么样？同学们，她没有听全，特别是忘了这位同学发言中精彩的地方。他特别喜欢动画片《西游记》，是因为《西游记》给他留下什么？

生：深刻印象。

王："最深刻的印象"，是他所说的关键。大家要会听，并能把别人说的主要意思概括出来。

生27：我最喜欢的是《寻灵大冒险》。

王：动画片名是什么？老师没听清楚。

生27：《寻灵大冒险》。

王：《寻灵大冒险》，有这部片子吗？

生28：有。

王：你说有就有，反正老师没看过。能给老师介绍一下内容吗？

生28：兰欣儿和她的弟弟兰冰，还有故事主角马诺，他们本来是跟兰欣儿的爸爸去旅游的，但路上遭遇了可怕的龙卷风，他们乘坐的直升机坠毁，所以他们在丛林中走散了，兰欣儿就跟马诺和她的弟弟一起去寻找她的爸爸。他们在寻找的途中遇到了丁凯，丁凯有一把神剑，可以控制精灵，那些精灵是变异了才变成精灵的，它们本来都是动物。后来马诺也得到了一把剑。在途中，他们碰到一只大老虎，大老虎妨碍他们去寻找爸爸，还碰到一个叫玄门神麂的精灵，玄门神麂也要阻止他们去找爸爸。

王：最后找到爸爸没有？

生28：找到了。

王旭明执教《推荐一部动画片》现场

王：最后找到爸爸了，所以老师没有打断他。你们被他讲的内容吸引没有？老师被他讲的故事吸引了，真是神奇。这个故事为什么给你那么深的印象？

生27：我觉得这个故事有点搞笑，因为有时候这个人很贪吃，有时候头上还会有蛇摔下来，有时候好像被什么东西给咬住，还会被别人追赶，所以我觉得很搞笑。

王：他觉得搞笑，所以给他留下很深的印象。但是老师刚才听后觉得特别神奇，情节很曲折。不同的人有不同的感觉。总之，给我们留下很深的印象。

生29：我不同意他的意见。

王：你不同意他的意见，不接受他给你的推荐，是吗？

生29：我有一个地方不同意。

王：请说。

生29：玄门神麂不是阻止他们，而是不让他们破坏。

王：不是阻止他们，是什么？

生29：是玄门神麂以为他们要破坏。

王：这是一个情节上的差异，情节上有所不同。这两位同学的表现很好，你提到不同的，他要反对你，你俩可以底下讨论。同学们记住，我们说喜欢一部片子、一件事或者一个人，一定要说清这个人或者这件事，还要注意说话时的语速。

## 四

王：现在我们做一个小游戏，这两行的同学下去在听课老师中各选一位你愿意跟他聊的，问他看没看过动画片，不想聊动画片聊别的也行，给你们十分钟时间。注意，一个人只能对应一位老师，不能两位对应一位。

从这行开始，我们继续"我最喜欢的动画片是什么"的说话训练，要说完整，你最喜欢的动画片是什么，它是特别吸引人，还是特别好？这部动画片中的人物或者事件给你的印象怎么样？

生30：我最喜欢看《西游记》，因为唐僧和孙悟空、猪八戒、沙和尚师徒四人去西天取经，途中斩妖除魔，很精彩。

生31：我最喜欢的动画片是《海底小纵队》，海底小纵队在海底前行，一只巨枪乌贼拖走了章鱼堡，呱唧和巴克队长亲自去和巨枪乌贼较量，一群抹香鲸冲过来，海底小纵队及时救了巨枪乌贼。这一集动画片给我留下深刻的印象。

生32：我最喜欢的动画片是《熊出没之探险日记》，里面有一个人物给我留下的印象最深刻，她的名字叫赵琳，因为有一次赵琳用空的树干做了一个火箭炮，还发出蜂蜜弹。

生33：我最喜欢的动画片是《开心超人联盟之神奇实验室》。

王：什么？

生33：《开心超人联盟之神奇实验室》。

王：神奇实验室。

生33：对。因为这部动画片每次在结尾都要告诉我日常的小知识，比如安全带不仅仅是把人固定在座位上。

生34：我最喜欢的是《海绵宝宝》。

王：为什么？

生34：因为我生下来就喜欢。

王：行，生下来就喜欢。

生34：我觉得海绵宝宝很神奇，它能拆了自己，把自己吃进去。

生35：我还觉得海绵宝宝很幽默。

王：他用了"幽默"这个词，幽默是什么意思？

生36：搞笑。

王：搞笑，很逗。

生37：我觉得海绵宝宝还很傻，和派大星一起装傻。

王：哦，很傻。

生37：我觉得海绵宝宝很古怪，因为它的脚很长。

## 五

王：还有三分钟就要下课了，刚才下去跟听课老师交流的两行同学，你们有没有特别想把自己与老师交流的情况分享给大家的？

生38：我问一个老师喜欢哪部动画片，他说喜欢《汪汪队立大功》。

生39：我问了一个老师，她喜欢看动画片《机器猫》。

王：她喜欢看《机器猫》，你接着问了她什么？

生39：我问她机器猫都发明了一些什么东西。

王：机器猫发明了什么东西，她告诉你了吗？

生39：她告诉我了。

王：她告诉你什么？

王旭明执教《推荐一部动画片》现场

生39：机器猫发明了一些东西，不让它的主人被欺负。

王：这是一位男老师还是女老师？

生39：是女老师。

王：女老师，看来你喜欢跟女老师聊天。

生40：我问下面的一位老师喜不喜欢看电影。

王：他怎么回答？

生40：他说喜欢看《厉害了，我的国》。

王：大家看过这部电影吗？

生：看过。

王：然后你又问了什么？

生40：我问他为什么喜欢看《厉害了，我的国》。

王：他怎么说的？

生40：他说感到很激动，中国以前不怎么发达，现在发展起来了。

王：这位老师给你进行了一次爱国主义教育，国家原来不发达，现在看了《厉害了，我的国》，认识到国家发展起来了，是不是？看了这部电影，增强了我们的爱国主义情感。

生41：我问一个老师最喜欢看什么动画片，他说喜欢看《数码宝贝》。

王旭明执教《推荐一部动画片》现场

王：他为什么喜欢看这部动画片呢？

生41：因为他觉得这部动画片很有趣。

王：这位是男老师还是女老师？

生41：男老师。

王：好，同学们，准备下课了。我们学说话，目的是跟更多的人交流和分享，大家把书打开，拿出笔，勾画"给你留下的印象最深"，想一想是怎样的印象？"人物""故事片段""注意说话的速度"也都勾画下来。再给大家留一个作业，回去以后，大家把今天课堂上学的内容说给自己的爸爸妈妈、兄弟姐妹或者好朋友听，好不好？明天来的时候，老师检查你们跟你的朋友、爸爸妈妈或者哥哥姐姐们的聊天情况。同学们要注意老师刚才让你们画的那些短语。同学们，下课。

（本文原载于《语言文字报》2018 年 5 月 30 日 5 版）

# 《曹冲称象》课堂撷英①

## 一

**王旭明（以下简称"王"）**：同学们，上课。

**学生（以下简称"生"）**：老师，您好。

**王**：同学们好，请坐。大家昨天跟于老师一起学的课文叫什么？

**生**：《曹冲称象》。

**王**：谁能把课题写到黑板上？请你来写，其他同学看他写得对不对。大家看课文后，田字格上的字都写了吗？

**生**：写了。

**王**：我检查一下，好，都写了。我们看黑板，这位同学写的课题对不对？

**生**：对。

**王**：《曹冲称象》在第几页？

王旭明执教《曹冲称象》现场

---

① 本文根据作者2018年9月19日在全国真语文双线统一教学活动（汉中站）中执教《曹冲称象》（第二课时）实况整理而成，有删改。

生：第 28 页。

王：你们怎么知道？

生：是于老师讲的。

王：于老师要是不讲，你们知道在多少页吗？

生：知道。

王：怎么知道的？

生：查目录。

王：我现在考一考你们，看谁说得最快。《日月潭》在多少页？

生 1：第 49 页。

王：好多同学还忙着翻书呢，你一下就知道在第 49 页。你怎么那么快？

生 1：我看了目录。

王：很聪明的孩子。同学们注意，今后看书不要打开就往下翻，要先看目录，每本书都有目录。我再考一次，请大家用查目录的方法告诉我《狐狸分奶酪》在多少页。

生：第 100 页。

王：非常厉害！为什么大家都快了呢？因为大家会看书、看目录了。

## 二

王：下面我们集体朗读一遍课文。

**（生齐读至"大象又高又大，身子像一堵墙"一句）**

王：请暂停。读到"带着儿子和官员们一同去看"时，大家要停顿一下。为什么？

生 2：因为下面是第二段。

王：对，分段了，因此要稍稍停顿一下。好，大家从"大象又高又大"接着读。

**（生齐读课文）**

王：大家读得真好。昨天才学了第一课时，大家就能把课文基本上读准了。但这是集体读的效果，是不是每个同学都能把字音读得这么准呢？

生：能！

王：下面我请一位同学来读课文。其他同学要认真听，我可能会突然叫他停下来，让另一个同学接上。这个同学读的时候，其他同学要低头看课文中对应的地方。也就是说，他是在有声地读，其他同学在——

生：心里读。

王：在心里读，就是指什么呢？

生：默读。

王：很好。请这位没举手的同学读课文，其他同学默读。

生3："第四课，《曹冲称象》。古时候有个叫曹冲的人。别人送他一头大象……"

王：停，非常好。他刚才把一个人名给读错了。把曹操读成谁了？

生：曹冲。

王：好，继续。

生3："古时候有个叫曹操的人。别人送他一头大象，他很高兴，带

王旭明执教《曹冲称象》现场

着儿子和官员们一同去看……"

王：停，你平常在班里很少发言吧？

生3：不是。

王：那就大点声把这段再读一遍。

（生3重读第一段）

王：好，请坐，这位同学接着读。其他同学在这一段前面标上"1"，这个"1"是什么意思？

生：第一自然段。

王：很好。

生4："大象又高又大，身子像一堵墙，腿像四根柱子。官员们一边看一边议论：'这么大的象，到底有多重呢？'"

王：很好。你把最后一句再读一遍。

生4："这么大的象，到底有多重呢？"

王："多重呢"后面是什么符号？

生：问号。

王：很好。问句要读出问的语气。我发现这两个同学开始时都在指读，慢慢就变成用眼睛看了。下一位同学也不要指读，就用眼睛看着读。在这一段前面标上"2"。

生5："曹操问：'谁有办法把这头大象称一称？'有的说：'得造一杆大秤，砍一棵大树做秤杆。'有的说：'有了大秤也不行啊，谁有那么大的力气提得起这杆大秤呢？'曹操听了直摇头。"

王：这位同学读到一句话时多次停顿，大家说是哪一句？

生："谁有那么大的力气提得起这杆大秤呢？"

王：这句话有多少字？

生：十六个字。

王：大家把这句话画下来。这十六个字的句子是不是特别长，字数特别多？我们请这位同学把这句话再读一遍。

生5："谁有那么大的力气提得起这杆大秤呢？"

王：她读这句话时停了三次，哪里该停顿，哪里不该停顿呢？你来读。

（生6读第三段）

王："谁有那么大的力气"，这里要停一下，注意，"提"和"得起"之间要停吗？不要停，"提得起"后面可以停一下。"谁有那么大的力气／提得起／这杆大秤呢？"大家齐读一遍。

生："谁有那么大的力气提得起这杆大秤呢？"

王：很好。我请刚才没读好的同学再读一遍。

（生6读）

王：真棒，大家给她掌声。你也试一试。

（生5读）

王："提得"和"起"分开了，再读一遍。

（生5读）

王：非常好。大家给她掌声。这两位同学在老师和大家一起帮助下，由原来不会读到现在读得非常好了。我们在这一段前写上"3"。

## 三

王：大象太重了，称不了，这时候该怎么办？有人提出了一个办法。现在不看书，用自己的话说说，这个人说用什么办法来称大象？

生7：造一杆大秤称大象，但是不行。

王：很好。你再来说一遍。

生8：砍一棵树当秤杆，做一杆大秤。但"谁有那么大的力气提得起这杆大秤呢"？

王：很好。大秤不好做，就是做出来也没人提得动。那怎么办呢？注意再看这一段中"曹操听了直摇头"一句。"曹操听了摇头"和"曹操听了直摇头"，大家感觉一下这两种说法有什么不同。

生9：曹操听了摇头，曹操听了直摇头，感觉都一样。

王：把"直"字画下来。"我高兴，特别高兴。""我生气，我很生气。""今天早晨我困，我特困。"谁还能造出几个句子来？

生10：我今天吃的饭特别少。我今天吃饭很少。

王：很好，说了两个。

生11：我想写作业，我特别想写作业。

生12：我想读书，我特想读书。

生13：我今天很高兴，我今天特别高兴。

王：大家记住，用这些词可以让自己的话显得不那么平淡。这一段讲了一个称象的方法，但是这个方法太笨了，还有什么办法呢？课文的主人公出场。我找一个同学读下一段。

**生14：**"曹操的儿子曹冲才七岁，他站出来，说：'我有个办法。把大象赶到一艘大船上，看船身下沉多少，就沿着水面，在船舷上画一条线。再把大象赶上岸，往船上装石头，装到船下沉到画线的地方为止。然后称一称船上的石头。石头有多重，大象就有多重。'"

**王：**很好。这个办法是谁想出来的？

**生：**曹冲。

**王：**曹冲的办法是什么？我给你们半分钟默读这一段，然后告诉我答案。

**（生默读）**

**生15：**曹冲称象的办法是：把大象赶到一艘大船上，看下沉多少，然后在船上沿着水面画一条线，再把大象赶上岸。接着往船上装石头，装到画线的地方为止。之后称一称船上的石头，石头的重量就是大象的重量。

**王：**很好。谁能用自己的话说出来？

**生16：**曹冲的办法就是把大象赶到一艘船上，在下沉处画一条线，再

王旭明执教《曹冲称象》现场

把大象赶上岸。往船上装石头，装到画线的地方，称船上的石头，石头有多重，大象就有多重。

**王：**很好。现在我看你们会不会做课后第二道习题，就知道你们懂没

懂刚才这几位同学说的意思。第二题有四个小文字框，旁边有四个圆圈，请大家把"1、2、3、4"分别填入对应的圆圈中，"1"代表第一步，"2"代表第二步……把称象的顺序标出来，看谁填得又快又准。

生17：第一步，赶象上船。

王：第一个文字框旁的圆圈里写几？

生17：写"1"。

王：第二个文字框旁的圆圈呢？

生17：写"3"。

王：第一行的第二个文字框是第三步，写"3"。第二行的第一个文字框是第二步，应该写"2"。第二行的第二个文字框旁的圆圈里应该写几？

生：写"4"。

王："1、3、2、4"。

<h2 style="text-align:center">四</h2>

王：现在我们知道了称大象的两种方法。下面我请一位同学读课后第一题。

生18：朗读课文。画出课文中提到的两种称象的办法，说说为什么曹冲的办法好。

王：我们看课文，第一种称象的方法在第几段？

生：第三段。

王：用一句话告诉老师，第一种称象的办法是什么？

生：造一杆大秤，砍一棵大树做秤杆。

王：这是第一个办法，画下来。第二个办法就难了，从哪里开始画起？

生："把大象赶到一艘大船上。"

王：一直到哪里？

生："石头有多重，大象就有多重。"

王：很好。大家看书看累了，现在咱们放松一点。抬头看我，两种称大象的办法，一种是？

生：砍一棵大树做秤杆。

王：第二种办法是？

生：把大象赶到船上，然后画上记号，再把大象赶上岸，把石头放上船，再称石头。

王：这两个办法，哪个更好？

生：第二个。

王：第二个是谁的办法？

生：曹冲。

王：曹冲称象的办法为什么好？

生19：因为第二种方法比第一种方法要简单很多。

王：简单吗？我觉得挺复杂的。

生20：第一种办法是砍一棵大树做秤杆，没有人能有这么大的力气提得起，而且大象还会把这个秤给压坏。

王：哦，第二个办法不用砍大树。

生21：第二种方法可以把人的力气省了，还能保护资源。

王：保护什么资源？

生21：树木。

王：为什么曹冲称象这个办法更好？因为不用砍树就可以称大象，也保护了树木资源。还有没有其他更笨的办法？老师想一个办法：把大象杀了，切成几块肉，一块块地称。行不行？

生：不行。

王：为什么？

生22：因为大象太大了，那样的一把刀也造不出来。

王：老师这个办法特别笨，把大象给杀死了，也不好。

五

王：大家看课文，齐读第四段第一句话。

生："曹操的儿子曹冲才七岁。"

王："曹操的儿子曹冲才七岁"，不要"才"字行不行？

生：不行。

王：我们请语文科代表来回答。

生23：可以。

王：你为什么说可以？

生23：我也不知道。

王：加一个"才"字，到底好还是不好？

生：好一些。

王：为什么？

生24：因为更完整了。

王："曹操儿子七岁""曹操儿子才七岁"，两个句子显然都没有问题。不过，加一个"才"字，语气就不一样了。有没有"才"字都可以，但是有了会更好。大家试读，体验一下。

生："曹操的儿子曹冲才七岁。"

王旭明执教《曹冲称象》现场

王：大家把书翻到第30页，看最后一题。老师不详细讲，看你们能不能做出来。谁能用"到底"说一句话？

生25：老师到底有多大年纪？

王：他高还是矮？他到底……

生26：他到底有几斤呢？

王：到底有多高？

生26：他到底有多高呢？

王：很好。你来说一个。

生27：今天听课的老师到底有多少呢？

王：很好。大家回去以后，用"才"和"到底"反复练习说话。下面大家齐读最后一段。

生："曹操微笑着点一点头。他叫人照曹冲说的办法去做，果然称出了大象的重量。"

王：这是文章的结尾，把"果然"一词画下来。同学们，曹操的儿子曹冲才七岁，智慧不智慧？

生：智慧。

王：非常聪明。今后我们遇到困难的问题，也一定要学会动脑筋。你想说什么？

生28：但是曹冲十三岁就夭折了。

王：他告诉我们另外一个问题，太聪明死得早。但不能因为他死了，你就不要聪明。同学们，我问大家最后一个问题，曹操的儿子才七岁就能想出这么聪明的办法，你们信吗？信的举手。

生：信！

王：有不信的吗？有两个不信。你为什么不信？

生29：因为我们马上都八岁了，我们都没有那么聪明。

王：我告诉大家，老师也不信，跟他们的想法一样，但是他们没说出根据来。大家看第28页课文下面一行小字，也就是注释，谁能读一读？

生30："本文根据《三国志·魏书·邓哀王冲传》改写。"

王：是谁改写的？是这篇课文的编者从古书上改写的。同学们，我们学好语文，也可以试着改写，你们可以对今天的场面改写，可以对同学改写，可以写好多好玩的事情，这是学习语文的魅力。我们今天不仅学了《曹冲称象》，还知道了读书的方法，比如查目录、默读、看注释。请大家回去完成课后练习的第二、第三题。下节课我要每个同学用"才"和"到底"说一句话。下课。

（本文原载于《语言文字报》2018 年 10 月 10 日 5 版）

## ◎ 中　学

### 《我的语文生活》课堂撷英 ①

一

**王旭明（以下简称"王"）**：老师是从北京来的，在北京见过好多店铺，我印象特别深的有全聚德、同仁堂。你们平常会不会注意乌兰察布的店铺？它们都叫什么名字？

**学生（以下简称"生"）**：我看到有个商铺的名字叫"名剪艺人"。

**王**：你能在黑板上写出来吗？还有哪位同学？

王旭明执教《我的语文生活》现场

**生**：我是凉城的，那里有我特别喜欢吃的"八珍骨里香"。

**王**：在生活当中有这么多店铺，我们用不同的招牌来表明店铺的特点。我提前收集了一些乌兰察布的招牌，你们看这些招牌有什么特点？这个是店铺"李珍熏鸡"的招牌。

**生**：招牌上的"鸡"字是繁体。

---

① 本文根据作者 2017 年 7 月 18 日在真语文五周年乌兰察布站（中学专场）活动中执教《我的语文生活》实况整理而成，有删改。

生：右下角还有"创始于1934"，说明它是老字号。从招牌上看，这是非常有名的店铺。

王：很好。黑板上面写的都是你们在生活当中收集到的招牌，这些就是我们身边的语文现象，就是我们的语文生活。语文并不总是在课堂上，还在你们身边。

## 二

王：现在我给大家留第一个作业，一会儿我要找同学复述。具体要求是：今天课后，大家收集一下招牌；把招牌分类，比方说按吃的、喝的、玩的、住的来分，画一个表；说说你觉得哪个名字最好，说出理由。比如，现在黑板上这些店铺名，哪个最好？

生：我觉得"面面俱到"比较好，因为它说明这个地方是卖面的。

王：我最喜欢的也是"面面俱到"。"面面俱到"是一个词语，这个词语形容我们方方面面都照顾到，本义和吃面没关系，但是这个招牌巧用了"面"字。现在我要找一个同学复述一下作业要求，你说。

王旭明执教《我的语文生活》现场

生：收集一些招牌，把招牌的特点说一下。

王：你忘记了一个要求。

生：他忘记了要把招牌分类。

王：大家可以按不同的分类标准，按吃的、喝的可以，按其他标准也行。现在老师出一个稍微难一点的题，大家环视一下今天这个会场，咱们叫它什么？想一个招牌。

生：我觉得应该符合周围环境的特点，我觉得就叫"真教真学真语文"。

王：大家给他掌声。注意，这个同学仔细观察了会场的特点。

生：因为下面坐的都是非常有文学修养的老师，大家也正在上语文课，我觉得可以叫"文学聚"。

王：很好。生活中，对于周围发生的一切，你都可以给它一个"招牌"。希望有更多的同学来谈自己身边发生的事情，用语文的方法把它概述出来。

## 三

王：电视里每天都有的是什么？

生：广告。

王：说说给你印象最深刻的广告是什么，要说出原因。

生："特步，飞一般的感觉。"我觉得这个广告词用夸张的手法表明，只要你穿上这个牌子的鞋，就能拥有飞一般的感觉。

王：很好。练习题里面有四条广告。我请刚才没有发言的同学读第一、第二条，说说它们介绍的是什么，写得好还是不好。

生："一、闻香知好茶。二、一杯茶，一份情，一生缘。"这两句广告词写茶。

王：这两条广告为什么好？"闻香知好茶"是几个字？

生：五个。

王：五个字，简洁。"一杯茶，一份情，一生缘"好在什么地方？

生：开头都用"一"字。

王：把"一杯茶"和什么联系起来了？

生：情和缘。

王：情和缘是虚的东西，实的东西是什么？

生：茶。

王：每个短语字数还相等，特别好记。咱们看后面两条，先找一个同学来读，还是不爱举手的同学。

生："三、轻轻地我走了，正如我轻轻地来。四、有了喧哗，自己无法心静；有了打闹，别人无法凝思。"

王：你有这么好的嗓音为什么不好好表现呢？你说第三条广告是什么意思？

生：老师，我不会。

王：没问题，先坐下，看看其他同学怎么回答。这条广告是在公共空间里面的，比如图书馆、电影院。"轻轻地我走了，正如我轻轻地来"，如果放在图书馆是什么意思？

生：就是在图书馆里脚步要轻，不要发出噪声，要安静。

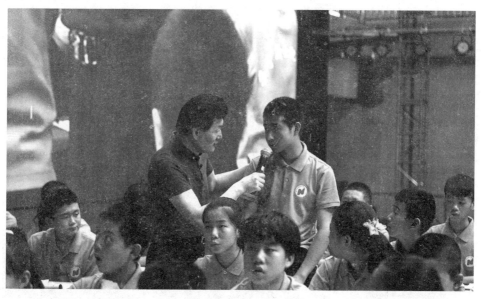

王旭明执教《我的语文生活》现场

王：如果写"不要发出噪声，要安静"，行不行？

生：行。

王：哪个好？

生：练习题里这句。

王：因为它巧用了一句诗。"请安静""禁止喧哗"显得很生硬。再找一个同学来说，第四条广告为什么好？

**生**：如果图书馆里大家都大声吵闹，大家都无法平静地看书。如果大家都互相打闹，大家就无法读书。

**王**：我就写你说的这句话，行吗？

**生**：行。

**王**：一定要记住，我们学语文不是要解决行还是不行的问题，而是要解决好还是不好的问题。这两句话，哪一句更好？

**生**：练习题里的这句，因为它生动。

**王**：还有吗？

**生**：运用了委婉的语气。

**王**：很好。

## 四

**王**：下面老师要给大家留第二个作业了。课后请大家收集三到五条各类广告；在你收集到的广告当中，你认为哪一条最好，说说为什么；自己写一条广告。我找一个同学复述一下这三个要求。

王旭明执教《我的语文生活》现场

**生**：要收集广告，写一条广告。

**王**：落了哪一条？

生：第二条，说说我们收集的广告哪一条最好，说出为什么它最好。

王：好。现在再给你们一个难一点的作业：为今天这个会场做广告。我们请这位同学来。

生：刚才同学们回答问题的时候，有些同学不会回答是因为没有灵感，我们学习是要有灵感的。我觉得广告词要用"问渠哪得清如许，为有源头活水来"。

王：连老师都震惊了。我们学习语文，要不断激发自己的灵感，这是对的，你的灵感是怎么来的？

生：在同学们回答问题的时候得来的。

王：很好。

## 五

王：练习题最后要大家寻找最美的对联。中国传统文化当中有多种表达方式，其中一种是用平仄对仗的方式，我们称之为对联。练习题上有七

王旭明执教《我的语文生活》现场

副对联，我找几个同学分别读一下。

（生读）

王：我发现同学们都能够非常流畅地读下来。现在我们集体读一下。

（生读）

**王：**我给大家布置今天的第三个作业。在生活中寻找三到五副对联；把收集到的对联按内容分类整理一下；说说你最喜欢哪副对联，为什么。我们有六个小组，今天这三个作业由六个小组分别完成，第一、第二小组做第一个作业，第三、第四小组负责第二个作业，第五、第六小组做第三个作业。我们下节课一起交流，看哪个小组完成得最好，组长代表小组来说，其他同学可以补充。

同学们，我们今天的课就叫综合性学习，这种课不读课文，也不默写生字，但有听，有读，又有解。以后我们要上好这样的课，因为它跟我们的生活联系紧密。

（本文原载于《语言文字报》2017 年 7 月 28 日 2 版）

## 【执教者说】

# 突出实践性，上合格综合性学习课

教材很重要，但一线老师决定不了怎么编教材，只能决定怎么用教材。对于广大一线老师来说，重要的是明白如何上好课。下面我以综合性学习课《我的语文生活》为例，谈谈如何用好教材，上合格语文课。

第一，工具性和人文性统一。课程标准对语文课的定性就是工具性和人文性的统一。字、词、句、层、段、篇、语、修、逻，这些都是工具性的内容。那么，人文性是什么？人文性的内容不是空洞的口号，也不是华丽的词语，更不是信誓旦旦的表态，而是对人的关心、热爱、尊重和爱护，是以人为本的理念。这堂课上，我叫了举手的学生，也叫了没举手的。没举手的学生站起来后不知道怎么答，我轻轻抚摸他一下，让他坐下，别紧张，这就叫以人为本。

人文性还体现在教师对教学内容的深刻理解和恰当解读上，体现在教学策略上。今天的学生是六年级的，教材内容是七年级的，怎么教？降低难度，我自己设计的内容只完成了不到三分之二。这一课我安排两个课时，这是第一课时。我问学生以前有没有上过综合性学习课，他们说五、六年级上过，因此我在课上提出了综合性学习的概念，强化他们的认识。此外，人文性还体现在教学评价上，老师要尽量做到准确客观。

第二，依课标、重学情、找重点、可检测。对教材的解读不仅是对教材的理解，还应该是对教材内容的化繁为简、变重为轻、由难转易。如何用好教材？我概括为十二字基本方法：依课标、重学情、找重点、可检测。对于任何一节课，我们都可以通过这四个环节去看。下面我以《我的语文生活》为例来谈。

依课标。所有语文老师都必须将课标对每一种课型的总要求、学段要求和教学建议及评价建议，一一落实到教案上。这节课是综合性学习课，我就是按照课标对综合性学习的要求来构思的。

重学情。老师至少要做到两个确定：确定教学对象，确定教学课时。今天这个班的学生有城镇的，有农村的，但都是重点学校的学生。他们都预习过了，知道什么是综合性学习。据此，我确定这一课需要两个课时，今天给大家呈现的是第一课时。两个课时不能杂糅，也不能处于中间过渡段。

找重点。要列出课堂教学重点，并至少在课上完成一道练习题。每堂语文课都要这样上。我在这堂课上，带领学生完成了课后练习。

可检测。按照上述环节完成课堂教学后，要有适当的方式来对教学内容进行检测。这一课安排了两个课时，此次学习成果安排在下一次课上体现。在这节课最后，我把任务分配给了不同的小组，下一节课检测教学效果。

第三，重视新课型。口语交际和综合性学习是新课标实施后推出的两个新课型，由于中高考没有相对应的内容，以及受多种因素影响，学校语文教育普遍存在轻视这两种课型的情况。这种违反课标要求的现象亟待改变。我认为，这两种课型应通过两种形式呈现：一是渗透在不同类型的语文课中，即听说读写齐头并进；二是专门上口语交际课和综合性学习课。其中，综合性学习重点培养学生的语文综合素养，包括听说读写能力以及查找资料、综合概括、展示表现等能力，因此，要紧密结合学生生活实际，突出语文教育的实践性，激发学生学语文、用语文、爱语文的认知与情感。语文老师必须上并且努力上好综合性学习课。

（本文原载于《语言文字报》2017年7月28日2版）

# 《散步》课堂撷英 ①

## 一

**王旭明（以下简称"王"）**：同学们，今天我们学习《散步》。每学一篇课文，我们都要弄清几个最基本的问题。拿到一篇课文，先要问自己，这篇课文写了什么？从题目入手，告诉我。

**学生（以下简称"生"）**：散步。

**王**：表面上，这篇课文写的是散步。请同学们用三分钟时间默读课文，思考作者通过散步这样一件事，表达了什么主题。

**（生默读，然后交流）**

**生1**：我感觉作者不仅在写散步，他从中表达了尊老爱幼的主题。他很爱他的母亲和儿子。

**王**：尊老爱幼，很好。哪位同学跟他的看法不一样？

**生2**：我认为写出了家庭的和睦。

**生3**：我觉得还写出了平常生活中流淌的亲情，以及一家人的温馨。

王旭明执教《散步》现场

---

① 本文根据作者2017年11月2日在真语文五周年之公益行送教河北省张家口市怀来县活动中执教《散步》实况整理而成，有删改。

王：谁和谁的亲情？

生3：作者和他的妻子，他的母亲还有他儿子的亲情。

王：很好，请坐。这篇课文通过散步来表达作者与他的母亲、妻子和儿子之间的——

生：亲情。

王：感情很抽象，用亲情更具体。同学们，你们之间的感情叫什么？

生：我们的感情叫友情。

王：老师对你们的感情叫什么？

生：师生情。

王：家人间是亲情，同学间是友情，师生间是师生情。人间有好多感情，情感有好多分类，有感情就非常美。

## 二

王：好，现在我们来回答第二个问题，这篇课文是什么体裁？

生4：我认为是记叙文。

王：我再给大家三分钟，快速默读，想一想，这篇文章为什么是记叙文？或者你还有什么其他想法？

（生默读）

王：这位同学，你有什么想法？

生5：我认为它是记叙文，因为它包含了记叙文的六要素。

王：很好，同学们答对了，是记叙文，更具体的答案是散文。散文是文学性的体裁，文学性的体裁有一个特点——可以虚构。我们小时候学过的童话和寓言是真的吗？

生：不是。

王：那是什么呢？

生：虚构。

王：散文也是可以虚构的。散文还有一个特点，大家一定要记住，叫作形散神不散。形是什么？形是表面。神是什么？

生：主题中心。

175

**王**：同学们理解得真好，主题中心不能散。这篇课文的主题是通过写一家四口散步，来表达他们之间的——

**生**：亲情。

**王**：对，这就是它的神。大家记住，上中学开始，我们就要了解体裁。

王旭明执教《散步》现场

## 三

**王**：现在，我们来解决第三个问题，这篇课文是什么结构？这篇文章总共有八个自然段，大家再默读三分钟，思考如果按照散步的主题分段，这八个自然段可以分为几部分？

（**生默读**）

**王**：好，下面我要请几位同学出声读。其他同学一定要认真听，思考刚才的问题。如果你已经划分好了部分，那么继续思考：如果要把课文的题目改一下，可以改成什么？从这位同学开始读。

（**生轮流读课文**）

**王**：现在来回答刚才的问题。课文的第一段，写作者和母亲、妻子、儿子在田野上散步。这叫作引子。之后第二段到第八段都在写什么？

生：散步。

王：写散步的过程。这个过程用了几段？

生：七段。

王：每一段之间是什么关系？按照什么样的顺序写？

生：时间顺序。

王：时间顺序，又叫作顺接。我们写文章也可以先写一个引子，然后

王旭明执教《散步》现场

按照事情发展的顺序一段一段写，把它们连接起来。

## 四

王：我们最后要弄明白的一个问题是：这篇课文是怎么写的？作者用了怎样的方法来写散步？

我给大家三个角度。第一，作者用了什么样的表达方式？第二，除了表达方式，作者还用了什么样的方法来表现？第三，这篇文章有哪些语言特点？好，带着这三个问题我们再来读课文。

生6："我们在田野上散步：我，我的母亲，我的妻子和儿子。"

王：把这句话改成"我，我的母亲，我的妻子和我的儿子在田野上散

步"，行不行？

　　生6：行，但是不好。我认为如果把人放在后面可以突出人物。

　　王：这样可以突出人物。注意，作者用了一个大家非常熟悉，但平常不太会用的标点符号，是什么？

　　生：冒号。

　　王：用了冒号。（读这句话）这样读起来特别通顺，对不对？如果换一个顺序读，就觉得没味道。要仔细琢磨语言的味道。来，你读第二段。

　　**（生7读）**

　　王：这一段开始写散步。它的表达方式是什么？

　　生7：叙事。

　　王：应该叫叙述。叙述是散文常用的表达方式。"她现在很听我的话，

王旭明执教《散步》现场

就像我小时候很听她的话一样"，你们觉得这句话有什么特别之处？

　　生7：意思相同，可以看出作者是非常孝顺的。

　　王：这一段用了什么表现方法？——对称。这样的句子叫作对称句，"我、她"只不过换了位置，内容很像，但又不是完全一致，这样的叙述叫对称叙述。这篇课文中有许多对称的句式，大家可以都画下来。这位同学，请读第三段。

（生7读）

王：读得挺好，如果再读出一些层次来更好。第一句话是一个意思，后面两句话又是一个意思。"我的母亲又熬过了一个严冬"，这是一件多么令人高兴的事情！熬过了一个严冬，人还继续什么？

生8：活着。

王：好，再读一遍，读出高兴的语气。

（生读）

生9：老师，我觉得"今年的春天来得太迟，太迟了"，用了反复，就跟《春》里面说"盼望着，盼望着"一样，突出了对春天的期盼。

王旭明执教《散步》现场

王：他想起了学过的课文，非常好。我们向他学习。那你读下一段。

生9："这南方初春的田野！大块小块的新绿随意地铺着……"

王：这句话后作者用了什么标点符号？

生9：叹号。

王：那你读得应该有点变化。

（生9再读）

王：这一段不是在叙述事情，而是在写什么？

生：景色。

王：景是怎么写的？用了什么表达方式？

生：描写。

王：我们管这种表达方式叫作描写，那这一段是什么描写？

生：景色描写。

王：景色描写，当然还有环境描写、人物描写等。大家记住，景物描写是一种表达方式。大家看第四段，一家人开始散步了，作者就开始发出什么？

生：感叹。

王：我们在散文中，可以写景，可以写人，可以写好多东西，形是可以散的，但是要随时——

生：感慨。

王：这个感慨就是——

生：神。

## 五

王：好，马上下课了，我们最后再读一段，第五段。

（生10读）

王："我的母亲走在前面，我的妻子和儿子走在后面"，这又是一个什么句？

生10：对称句。

王：这篇课文用了大量对称句，读起来非常上口，给我们的印象很深。它还使用了叙述和描写的方式，作者叙述怎么散步，又对景物进行了描写。刚才我出了一个题目，看谁想得起来？

生11：老师让我们给这篇课文改写一个题目。我想的是"分歧"。

王：这是从课文内容的角度理解。还有吗？

生12：三代人。

生13：决定。

生14：亲情。

王：亲情，这是从意义上理解。还有呢？

生15：母子情深。

生 16：一家人。

生 17：背上的世界。

王：很好，请坐。我将大家拟的题目分为两类，一类是直接概括课文内容本身，比如"分歧""三代人"；还有一类是从散步的意义上概括，比如"亲情""母子情深"等。我们给文章起题目，可以从这两方面去思考。好，那么作者还有哪些感慨呢？我们下节课来讲。请大家下课后完成书后"思考探究"部分的第一题和第三题，以及"积累拓展"部分的第四题。

王：课文的最后一段，作者背起了妈妈，作者的妻子背起了他的儿子，然后作者说，"好像我背上的同你背上的加起来，就是整个世界"。我们集体读一遍这句话。

（生读）

王：好。同学们学过《秋天的怀念》吗？

生：学过。

王：大家课后比较一下《秋天的怀念》和这篇课文在感情色彩上有何不同，下节课我们来讨论。大家记住，我们学任何一篇课文，都要明白其体裁、内容、结构，以及表达方法。好，下课！

（本文原载于《语文建设》2017 年 34 期）

## 【执教者说】

# 探索中学阅读教学共通之路
## ——基于《散步》教学的几点思考

关于怎样讲《散步》这堂课，我主要基于两个考虑：一是阅读课是非常重要的一个课型，我们该怎样给学生上阅读课？二是老师通过听我这一堂课，可以抓住什么可学、能学的东西？这两个问题也是我在这堂课上想努力去探索的，阅读教学是否存在一条让普通一线教师可学、易学的共通之路？比如，拿到一篇课文，可以从哪里入手，主要讲哪些内容。

在这堂课上，有两个我在很多阅读课上发现的问题，是我这堂课极力要去避免的。一是课堂上老师的分析特别多，特别精彩，台下掌声不断，或者由衷地赞叹老师这种精彩的讲课艺术。然而，课下人散，当我们再回想这堂课的时候，发现留在脑子中，或者说自己可学的特别少。二是教师对文本阅读欣赏式的分析讲解，特别是欣赏式的理解代替了教学上的理解。

基于此，我想从教材使用、教学设计等方面来谈谈《散步》这堂课。

一是怎么用好统编本教材？我们提出了十二个字——依课标、抓重点、重学情、可检测。首先，上任何一堂课都必须依课程标准，了解课标中对相关学段的要求和建议。其次，要抓重点，明确这一课的教学重点是什么。再次，重学情，课前要对学生的情况有基本的了解，课堂教学过程中，要根据学生情况随时调整教学内容、方法和目标。最后，可检测。可检测最基本的要求就是一堂课上完，学生要会做课后的练习题。《散步》这堂课我就是紧紧围绕课后练习题进行的设计，而且在课堂上得到了很好的贯彻，相信如果进行检测的话，80%左右的学生应该都能回答上来。

此外，要用好统编本教材，一定要让学生多读书。统编本语文教材总主编温儒敏曾多次讲道，"语文的功能，不光是提高读写能力，最基本的是培养读书的习惯"，统编本教材是"专治少读书、不读书的"。可以说，新教材与过去一个最大的不同，或者编写者重要的一个引导，是要引导学生读书，课上读，课下读。现在老师们有一个误区，一说读书，好像就是要给学生列一堆书单，让学生去读。这种理解是非常不全面的。读书首先最重要，也是最基本的，一定是在语文课上读学生和老师都共有的一本书，就是教材。在《散步》这堂课上，我共让学生默读了三遍，此外还有诵读，每个学生站起来读，反反复复读。读书一定要教给学生方法，让他们带着问题读，而不是无目的地看了一遍又一遍，无效地读。

二是教学设计一定要依据课标来确定。《义务教育语文课程标准（2011年版）》中对于七年级的阅读教学是有非常具体的要求的。比如，课标在七至九年级"教学目标与内容"中明确要求"能够区分写实作品与虚构作品，了解诗歌、散文、小说、戏剧等文学样式"，因此，初中阅读教学必须讲清楚体裁。当然，对于初一学生来说，他们刚接触体裁的概念，我们可以适当地要求，比如，我在这堂课上就只讲到散文的虚构，其他戏剧、小说都不涉及。 另外，课标非常明确地提出"在阅读中了解叙述、描写、说明、议论、抒情等表达方式"，我的《散步》这堂课上有对已学过的表达方式——叙述的复习回顾，还有新的表达方式——描写的学习。我本来还想讲抒情，但考虑到这堂课知识点太多了，就减去了这部分内容。最后，课标里明确要求"品味作品中富于表现力的语言"，可以看到我在板书上单独把语言列出来，引导学生欣赏、品味。

总之，我整个这堂课的教学没有别的依据，就是扣课标，可以说是完全按照课标来设计课堂教学。

三是一定要谨慎地用教参，千万不要照搬教参。语文教学要以教材为主，教参只是"参"而已。它里面提到的很多方法是不适合完全照搬到课堂上的，比如，教参中提供的《散步》这堂课的教案，是把这篇课文改成了诗歌。这对初一学生来说是不合适的，因为在他们连散文是什么都不清楚的情况下，再让他们把散文改成诗歌，等于难上加难，学生最后可能什么都学不到。再比如，在教学的特点中，教参提到这篇课文是散文，用了小说的写法。这对学生来说也是难上加难。因此，教师千万不能照搬教参上的内容。在《散步》这堂课的教学中，我都有意回避了小说这一部分内容。我问学生这篇课文的体裁，有学生说是小说，那我完全可以以此为切入点，讲一讲小说什么的，然后跟学生做下讨论，课堂可能会更精彩，但我们一定要意识到，这就偏离了这堂课的目标，不管多精彩都要避免的。因此，语文教师一定要慎用教参。

以上是我对自己《散步》一课教学的几点思考，也是对中学阅读教学共通之路的一点探索。当然我这堂课也有一些遗憾，比如说感觉知识点还多了一点，学生不够活跃，思维的发散还不够，还对这篇课文情感内容的把握不够到位。我想这些不足，经过课下的梳理、反思，在下节课是可能得到弥补的。让我们共同为上好每一堂语文课，做合格语文教师而努力，共同为语文教育美好的明天而努力。

（本文系本书首发）

# 《天上的街市》课堂撷英①

一

**王旭明（以下简称"王"）：** 这篇课文的体裁是什么？

**学生（以下简称"生"）：** 诗歌。

**王：** 大家先自由读，再集体读一遍。

（生读）

**王：** 这首诗有一个词，课文中有注释，是什么？

**生："** 缥缈。"

**王：** 自己写一下"缥缈"这个词，想一想它的注释是什么。我们找同学来读一下课文，能背下来更好。

（生背）

**王：** 很好。"定然"是什么意思？

**生：** 肯定。

**王：** 也可以说是一定、必定。那为什么不用"一定"？ 其实用"一定"

王旭明执教《天上的街市》现场

---

① 本文根据作者 2017 年 12 月 28 日在真语文五周年理论与实践成果展示活动中执教《天上的街市》实况整理而成，有删改。

也可以。汉语词汇很丰富，大家可以选择自己认为最合适的词语。我们集体再读一遍。

（生读）

## 二

王：下面听老师读这首诗，一边听，一边想这首诗写了什么。（师读）这样读是有轻有重的，大家感受一下。我们请这个同学来模仿一下。

（生读）

王：能给大家讲一讲牛郎织女的故事吗？

生：织女是天帝的女儿，后来下凡帮助牛郎。织女爱上了牛郎，但王母娘娘不想让他们在一起，就把他们隔开来，后来准许他们每年在七夕鹊桥相通的那天相聚。

王：大家跟着我一起读。

（师读，生跟读）

王旭明执教《天上的街市》现场

王：很好，有点感觉了。刚才那个同学给我们讲了牛郎织女的故事。

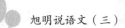

诗里面，天街是不幸的，还是幸福的？

生：幸福的。

王：作者为什么把天上写得这么好？表达了怎样的情感？

生：表达了作者的美好愿望。

王：总而言之，作者写了天上的街市，表达了对美好生活的什么？

生：向往。

王：现在大家看课后"积累拓展"第四题，搜集与牛郎织女相关的诗句，并与同学们交流。下节课一开始我们就交流。

三

王：我们来看看作者是怎么写的。集体读一遍第一节。

（生读）

王：作者从地上的街灯想到了什么？

生：天上无数的明星。

王：然后又想到了什么？

生：点着无数的街灯。

王：这叫什么？

生：联想。

王：有一句诗：忽如一夜春风来——

生：千树万树梨花开。

王：作者从雪想到了什么？

生：梨花。

王：又从梨花想到了什么？

生：春天。

王：这就是联想。看第二节，作者写了什么呢？齐读一遍。

（生读）

王：我请这个同学读这一段，再请另一个同学用自己的话说说它是什么意思。

（生读）

生：我觉得天上一定有美丽的街市。街市上摆放着一些物品，这些一定是地上没有的宝物。

王：很好。第二节写的是天上还是地上？

生：天上。

王：你们发现没有？第二、第三、第四节都是写天上。作者到天上去了吗？

生：没有。

王：他怎么能写天上呢？靠什么？

王旭明执教《天上的街市》现场

生：想象。

王：第一小节用什么方法？

生：联想。

王：第二、第三、第四节是并列的，写什么？

生：天上。

王：用了什么方法？

生：想象。

王：作者用联想和想象表达自己对美好生活的向往。我们一起把这首诗再读一遍。

（生读）

## 四

王：现在看看，我们自己能不能用联想和想象来表达。老师看见了你们五十六个同学的眼睛，就想起了天上有一百一十二颗星，这就是老师的联想。你们看老师的眼睛，想到了什么？

生：我想到了深深的潭水。

王：这就是联想。今天我给你们留一个作业，以今天的课堂为例写首诗，题目就是"课堂"。说今天的课堂是天堂，这就是联想了。今天有五十六

王旭明执教《天上的街市》现场

个同学，要是说天上有五十六个同学，没联想，要说天上有五十六颗星。老师是什么？

生：月亮。

王：月亮在干什么呢？老师和大家在一起，给大家讲授知识，由此我们可以想到，月亮和什么在一起？

生：星星。

王：月亮和星星一起，月光映衬着星星。那太阳呢？太阳比月亮更明

亮，它没有出现，就像比老师更有知识的人没在这里出现。我们可以怎么说？太阳没有出现，但是它躲在山后看着你呢。这就叫联想和想象。谁能把老师刚才作的《课堂》这首诗大概说一说。课堂是？

生：天堂。

王：天堂上有？

生：五十六颗星星。

王：月亮？

生：陪伴着星星。

王：那太阳呢？

生：太阳在山后看着我们。

王：这就是写诗。

（本文原载于《语言文字报》2018 年 1 月 3 日 2 版）

# 《叶圣陶先生二三事》课堂撷英①

## 【第一课时】

### 一

**王旭明（以下简称"王"）：**同学们，今天我们学习《叶圣陶先生二三事》，你知道叶圣陶吗？

**学生（以下简称"生"）1：**知道。

**王：**怎么知道的？

**生1：**小学时，我们学过他的课文。

**王：**请你告诉我叶圣陶的基本信息。

**生1：**叶圣陶原名——（偷偷看书）

**王：**要看书就大大方方地看，看完再说出来。

**生1：**他是江苏苏州人，写了很多文章，例如《稻草人》。

**王：**你低头在看什么？

王旭明执教《叶圣陶先生二三事》现场

---

① 本文根据作者2018年4月19日在全国真语文活动成都站暨"中小学语文教育与中华优秀传统文化"课题第二期研修班期间执教《叶圣陶先生二三事》实况整理而成，有删改。

生1：在看张中行先生写的《叶圣陶先生二三事》。

王：你在看这篇课文中的什么内容？

生1：我在看"他1988年2月16日逝世"。

王：从哪里看到的？

生1：从文章的第一自然段。

王："叶圣陶"是从哪儿看到的？

生1：是在题目中看到的。

王：很好。这位同学告诉我们叶圣陶的一些情况，但是没有说全。我们从哪里可以找到更多叶圣陶的介绍？

生2：可以从小字注释上看到。

王：请你读一下，大家看书。

生2："叶圣陶原名叶绍钧，江苏苏州人，作家、编辑家、教育家，代表作有长篇小说《倪焕之》，童话集《稻草人》等。"

王：很好，请同学们用笔画下来。也请大家记住，要结合注释来读课文。这篇课文的作者叫什么？

生3：张中行。

王：张中行是谁？

生3："张中行，河北香河人，学者、散文家。代表作有随笔集《负暄琐话》等。"

王：《负暄琐话》，请同学们画下来。"负暄"是一个典故。古代有一个人，他突然发现在外面晒太阳比在屋里暖和，然后就告诉其他的人："你们知道吗，晒太阳特暖和！"其实大家都知道，只是他刚刚知道，还以为别人都不知道。张中行用这个词作书名是一种谦虚的表现。这本书，将来同学们有机会可以读一读。

## 二

王：大家看题目，《叶圣陶先生二三事》。我们现在都还没有读课文，谁能通过题目猜一猜这篇课文大概讲了谁，讲了什么？

生：叶圣陶。

王：讲了叶圣陶先生的什么？

生：二三事。

王：那到底是两件事，还是三件事？

生：许多事。这是虚词。

王：把"二三事"画下来，不是两件事，也不是三件事，是泛指零星的事。我们还能联想到哪些可以表示大概意思的词？比如，十有——

生：十有八九。

王：没错。从文章题目我们可以看出这篇文章的大概内容，写了叶圣陶先生的几件事。那么，作者为什么要写叶圣陶先生的几件事？写叶圣陶先生的几件事有什么意义？同学们，只看题目能猜出来吗？

生：不能。

王：对。题目很重要，它可以带我们走进文章；但要走进文章，则要通过读。此前我们读文章，都是一段一段读得特别仔细。今天我们换一种方法，要求大家在五分钟时间内，快速略读这篇课文。什么叫略读？看哪

王旭明执教《叶圣陶先生二三事》现场

位同学能够找到答案。好，这位同学找到了。告诉我你是怎么找到的。

生4：在第四单元的导读中可以找到。

王：对，大家一定要会读课文，会读书。语文书中每个单元前都有导读。什么是略读？请你告诉大家。

生4："略读侧重观其大略，粗知文章的大意。略读是可以根据某些目的或需要确定阅读重点。其他部分的文字则可以快速阅读。"

王：很好，大家画下来。同学们要记住这种读书的方法。略读需要有目的，同学们的目的是：在读的过程中，将你最喜欢的句子和读不懂的句子画下来。给同学们五分钟时间读完，开始！

（生读）

王：好，时间到。我发现，同学们第一次用略读的方法读课文，好像不知道该略读哪些、不略读哪些，有些同学什么都没有画出来。略读是中国历史悠久的一种读书方法。我们平时习惯于一个字一个字地读，其实还可以跳着读。虽然读书一定要把意思搞明白，但也可以在刚开始读的时候"不求甚解"，只求知道大概内容。同学们长大后要读很多书，每本书都一字一字地读是不可能的，因此要学会略读、速读。

现在，我再给大家五分钟时间来体验略读。我再加一个要求：在第二遍略读后，要说出这篇课文讲了什么内容。同时，要把喜欢的句子和不懂的句子画下来，至少要画出五处。开始！

（生读）

王：时间到。我发现有的同学在读书时很自觉地把课文每段标上序号，这是很好的习惯。这篇课文共有几段？

生：九段。

王：大家要向这些同学学习，自觉地在自然段前标上序号。我还发现有的同学在书旁写下提出的问题或者不懂的内容，还有一个同学画了一个问号，这些同样是很好的习惯。大家记住，读书时要在书上做各种标记，以便记录读书过程中的体会。

三

王：经过两次尝试，同学们对略读应该有自己的感受了。谁能告诉我这篇课文大概的内容是什么？不能只说讲了叶圣陶先生二三事，因为这从题目就可以看出来。你们得告诉我，这篇课文讲了叶圣陶先生的什么事，以及表现出叶先生的什么精神，这些才叫读课文的体会。请这位同学来说。

生5：课文里写了叶圣陶先生的六件事。第一件事，叶圣陶先生在文学方面宽以待人。第二件事，他在平常生活中也是宽以待人。

王：好。同学们注意，别人发言的时候你必须仔细听。他刚才说到哪儿了？离他最近的同学请回答。

生6：他说的是叶圣陶先生六件事——（生答不出来）

王：这就是你没认真听同学发言的结果。这位同学，你来说。

生7：他说，第一件事是他在文学上宽以待人，第二件事是说他在平时生活中也是宽以待人。

王：她听得很仔细。好，请另一位同学继续说，课文中还讲了叶圣陶先生的什么事。

生8：还讲了他对文章修改很仔细。

王：这件事说明什么？

生9：表现了叶圣陶先生对工作一丝不苟的态度。

## 四

王：大家读了课文后，大概都知道文中讲了什么事。那么，文中到底写了多少件事？分别是什么？我们来看课文。刚才大家说，本文有九个自然段。这九段是什么关系，它的结构是什么？下面我们集体读第一段。

（生齐读）

王：我们在略读时，第一段可能只是一掠而过，因为它只是在说叶圣陶先生去世了。但在细读时，你们有没有一种特殊的感觉？这是什么时候发生的事情？

生：除夕。

王：叶圣陶是作者非常敬重的伟人，然而他在除夕去世了。因此作者说，他有双层的悲哀。大家都把"双层"画上，然后思考一个问题，课文中"双层"的悲哀是哪两层？

生10：叶圣陶是作者最敬重的人，他的去世让作者倍感悲哀。

王：倍感悲哀，这只是一层。作者为什么要说"双层"呢？

生11：我认为另一层应该是叶圣陶先生宽厚的一面，他宽以待人。

王：宽以待人为什么悲哀？

生11：因为当时社会中像叶圣陶先生那样宽以待人的人已经很少了。

他去世了，这个世上就少了一个宽以待人的人。作者为此感到第一层的悲哀。第二层悲哀是叶圣陶先生对文章的一丝不苟，对文字每一字的追求都十分严格，叶圣陶先生逝世了，少了一位大文豪，少了一位对文章仔细要求的人。这是第二层悲哀。

王：这位同学的理解很有新意，但你说的两点都只是一层——去世的悲哀。叶圣陶先生是什么时候去世的？

生：除夕。

王：除夕应该是什么样的时候？

生：欢乐的时候。

王：作者怎样写这份欢乐？画下来："外面正响着鞭炮，万想不到这——"

生："繁碎。"

王：画下来。"繁"是什么意思？多。"碎"呢？乱。"繁碎"就是又多又乱。一位伟大的人走了，正值鞭炮声又多又乱、欢欢乐乐的时候。一个高兴的时候，发生了一件悲哀的事情，这叫什么？

生：乐景衬哀情。

王：没错，更准确地说叫反衬。同学们把"双层的悲哀"画下来。一层含意是叶圣陶先生这样伟大的人物去世了；另一层含意是，叶圣陶先生是在除夕夜去世的，更加重了作者心中的悲哀。作者以反衬的手法进行描写。下面我请一位同学有感情地朗读第一段。现在大家对双重悲哀有了理解，要试着把它读出来。

（生12读）

王：读得很好，大家请给他掌声。他把作者此时双层悲哀的感情读出来了。

课文里的"丁卯年"是什么意思？注释中有，画下来。大家记住，这是中国古代的天干地支纪年方法。天干有十个：甲、乙、丙、丁、戊、己、庚、辛、壬、癸。地支有十二个：子、丑、寅、卯、辰、巳、午、未、申、酉、戌、亥。一个天干与一个地支为一对，这样纪年一轮是60年。

王：从第二段开始说的是什么？

生12：回忆。

**王**：回忆叶圣陶生前的事，一直到第几段？

**生12**：第八段。

**王**：第一段总写叶圣陶先生逝世，第二至第八段是写作者对叶圣陶先生生前的回忆。这种结构叫作"总—分—总"。这篇课文的结构非常清楚，第一段和最后一段为总写段，中间七段为分写段。

同学们，第一节课就上到这里。我给大家布置一个任务，课间休息时，大家都到台下去，观察参会老师的神态、动作，你喜欢哪位老师就观察哪

王旭明执教《叶圣陶先生二三事》现场

位。下节课开始后，你们要说出看见了哪些老师的什么神态、什么动作，他们给你带来了什么感受。同学们，下课！

## 【第二课时】

### 一

**王**：同学们，第二节课开始。请同学们从刚才观察的老师中，选择一位你特别喜欢或者特别不喜欢、特别欣赏或者特别不欣赏的老师，说一说他怎么样。注意要有一句评价性的话。

**生13**：我观察了两位老师，一位穿黑衣服、戴眼镜，他一直在笑，他

里面穿的是蓝色衬衫。另一位是张赛琴老师。她很慈祥，主动来找我们。她穿的是花衣裳。

王：这位同学的描述中有一个词是具有评价性的，大家说说是哪个词？

生："慈祥。"

王："慈祥"是评价用语。还有同学要说吗？好，请你来说。

生14：我当时观察的是一位穿灰色衣服的女老师。您刚布置完让我们观察老师的任务时，我从两边扫视一圈，发现当我们观察的时候，有一些老师开始情不自禁地整理自己的着装，也开始观察我们了。

王：反观察。你观察得很细。同学们，注意她抓到了一个细节，观察老师的时候，老师自觉地或者不自觉地注意起自己的着装了。

生14：但是那位老师没有，她还是在很认真地做着自己的工作，与别的老师讨论。我认为她是一位很认真、细致的老师。她不是很在意别人的看法，只是一心想把自己的事情做好。

王旭明执教《叶圣陶先生二三事》现场

王：让我们给这位同学热烈的掌声！观察任何一个人、一件事，不仅要观察，还要有自己的评价。这两位同学一个用了词语"慈祥"，另一个

说出了更深入的评价，他们都观察得很好。

## 二

王：下面，我们回到课文中来。文中第二至第七段都是作者对叶圣陶先生的回忆，这些回忆中带着作者对叶圣陶先生的评价和他经历的往事。和大家刚才观察老师们一样，把自己的观察和评价写成一段文字，就是作文了。我请一位同学来读第二段，其他同学要认真听。

（指名读）

王：好，我们集体读第一句话。

（生读）

王：请大家把这句话画下来。这句话中，每一分句用词少，句子短，既简洁又口语化，读起来朗朗上口，大家要仔细体会。再找一位同学从"相识之后"读起。

生15：相识之后，交往渐多，感到过去的印象失之太浅，至少是没有触及最重要的方面——品德。《左传》说不朽有三种，居第一位的是立德。

王：《左传》是什么书？

生15：《左传》是我国"四书五经"之一，是儒家著名的代表作品。

王：请同学们把注释画下来，并要背下来。《左传》里说的不朽，谁知道有几方面？

生16：三个。

王：作者说的第一个，叫什么？

生16：立德。

王：其余两个呢？老师告诉大家，第二个叫立功。第三，立言。言就是著书立说的意思，把你的思想和观点传下去。这是我们中国古代优秀传统文化的内容。人要不朽，要在这三方面有所作为。大家把这三方面集体说一遍。

生：立德，立功，立言。

王：希望在座的同学一起向着"三不朽"努力，记住首先从立德做起。下面请大家从"在这方面，就我熟悉的一些前辈说"开始齐读。

（生续读）

王：这段话引述了哪里面的两句话？

生：《论语》。

王：请大家将书名《论语》画下来。第一句话是什么意思？看完注释告诉我。

生17：做身体力行的君子，但我还没做到。

王：孔子说，要努力实践做君子的理想，如果没有努力实践，那就是还没有做到。请同学们把"君子"二字圈起来。君子是中华优秀传统文化中最美好之人的象征。一个立德、立功、立言的人一定是——

生17：君子。

王：当君子，一定要努力。第二句没有注释，谁能告诉我是什么意思？学习从来不——

生18：厌烦。

王：不厌倦，不厌烦。"诲"是什么意思？

生18：教别人。

王：对自己学习从来不厌烦，从来不满足；教别人从来不知道疲倦，不知道累。注意"何有于我哉"，如果我达到了这一点就没有遗憾了。那么，孔子隐讳地说自己达到没有？

生18：没有。

王旭明执教《叶圣陶先生二三事》现场

王：这是孔子谦虚的表现。同学们，老师讲的但注释中没有的内容，你们要写在书旁边。作者张中行引述《论语》中的话和一个老同事的话，接下来作者该自己做出评价了，怎么评价的？

生18："叶老既是躬行君子，又能学而不厌，诲人不倦，所以确是人之师表。"

王：请同学们在这一处旁边写上"这是作者的评价"。作者在这篇课文中，一直是回忆经历，然后写下评价。同学们，一到六年级，我们学会了观察；从七年级开始，我们不仅要会观察和写具体的事，还要有自己的评价。这个评价就叫议论，在评价旁边写上"议论"。

三

王：从第三段开始，作者写具体的事了。我们集体读一遍。

（生读第三段，至"不敢草率了事"一句）

王：停，请一位同学用自己的话复述一下这段话的意思。

生19：我觉得，这段话讲的是作者回忆以前听吕叔湘先生说，他以前到叶先生屋里去看他改标点这件事。

王：很好，大家齐声往下读。

（生续读第三段）

王：这件事写得非常清楚，通过这件事怎么评价叶圣陶先生？

生20：谦虚。

王："谦虚"是一个词，用一句话呢？

生20：我觉得叶圣陶先生待人厚道，而且在文学方面比较谦虚。

王：叶圣陶先生让"我"给他改文章，对于改得不妥之处找"我"商量再改，如此反反复复，就这一件事，说明他——

生：执着。

王：执着于什么？一定让别人改，一定让别人帮他。是他自己做不好吗？他已经是很伟大的人物了，还这样反复地让别人给修改作品，十分谦虚。这是什么行为？

生：不耻下问。

王：不耻下问是什么样的行为？

生：谦虚的行为。

王：谦虚的人是什么人？君子。这就是君子。中国古代社会特别讲究成为君子。叶圣陶先生非常谦虚，谦虚到什么程度？虚怀若谷。大家看第四段。我请一位同学读。

生21："文字之外，日常交往，他同样是一以贯之，宽厚待人。"

王：文字之外，那上面说的是什么？

生21：文字之内。

王：上面说的肯定是文字之内的事，大家画下来。作者承上启下，从这段开始说文字之外的事了，文字之外叶圣陶先生怎么样呢？

生21：同样是一以贯之，宽厚待人。

王："一以贯之，宽厚待人"八个字属于评价还是叙述？

生：评价。

王：请同学们把这句话画下来。每一段都有作者的评价，我们一定要学习这种写法，不仅会叙述，还要会评价。请接着读。

（生续读第四段）

王旭明执教《叶圣陶先生二三事》现场

王："告别，他鞠躬，口说谢谢"一句比较口语化。大家写作文时可以学习运用这种口语化的短句进行表达。再后面，更感动人的是，晚年，记得有两次是已经不能起床，"我"同一些人去问候，告辞，他总是举手打拱，还是不断地说"谢谢，谢谢"。已经瘫在床上了，不能出去了，叶圣陶先生还"谢谢"。这就是当代君子的表现。

## 四

王：作者仍然意犹未尽，继续他的二三事。我们从第五段开始读。

**（生读第五段）**

王："我看了信，也很悲伤，不是为自己的颠沛流离，是想到十年来的社会现象，像叶圣陶先生这样的人竟越来越少了。"这句话是作者对于上面那件事的评价。作者认为叶圣陶很伟大，待人非常宽厚。宽厚到什么程度？宽厚到作者认为，这样的人现在越来越少。那我们应不应该成为这样的人呢？

生：应该。

王：大家记住，要向叶圣陶先生学习，成为这样的人。请同学们将这

王旭明执教《叶圣陶先生二三事》现场

句话画下来，并在旁边注明，这是评价、议论。本文的评价、议论有好几处，其观点非常明确，能开启智慧，这也是它的作用。下面请一位同学读

第六段。

（生读）

王：本段又引用了一句古语，谁来读一下？

生22："己欲立而立人，己欲达而达人。"

王：看课文下面的注释，这句话是什么意思？

生：自己要站得住，同时也要使别人站得住。自己要事事行得通，同时也要别人事事行得通。

王：很好，请画下来。这位同学接着读。

生23："譬如近年来，有不少人是宣扬朦胧的，还有更多的人是顺势朦胧的，对于以简明如话为佳文的主张，就必付之一笑。"

王：叶圣陶先生对于这些人持什么样的态度？显然是不赞成、不屑的。这就是作者在含蓄地表达自己的批评。好，请接着读。

生23："而叶先生则主张写完文章后，可以自己试念试听，看像话不像话，不像话，坚决改。叶圣陶先生就是这样严格要求自己的，所以所作文章都是自己的写话风格，平易自然，鲜明简洁，细致恳切，念，顺口，听，悦耳，说像话还不够，就是话。"

王：这是叶圣陶先生对什么的要求？

生：写文章。

王：课前我问大家喜不喜欢写作文，大家都不爱写作文。不爱写作文，就是因为不爱说话。因此，叶圣陶先生说，要想写作文，首先得会说话。怎么说话呢？你得让别人能听懂，把能听懂的话写下来，就是好作文。大家注意，说话就要听着悦耳，作文就要读着顺口。

五

王：下面我们来读第七、第八段。

（生读）

王：很好，第七、第八段都是讲故事，同时又通过故事来发表评价。最后一段集体读。

（生读）

王：第一段写叶圣陶先生什么事？

**生：**去世。

**王：**最后一段说"人，往矣"，就是指去世了。因此和开头第一段有什么关系？

**生：**照应。

**王：**首尾照应，是"总—分—总"结构。作者用这些方法表现了叶圣陶先生待人宽厚、做人严谨谦虚等品德。叶圣陶先生是当代一个真正的君子。

我们的课上到这里，请大家课后将思考探究的第一、第二、第三题在书上完成。其实答案我们刚才讲课当中都提到了，很简单。此外，我还要布置三个兴趣性的作业，同学们课后任选一题完成。第一，课外阅读吕叔湘先生的《怀念圣陶先生》，想一想文中写了哪些事，看出叶圣陶先生哪些精神品质；第二，就今天你观察的某位老师，或者是我，写一段话，一定要有评价；第三，大家可以查一下刚才天干地支纪年法，写一段文字做介绍。三个作业任选一个，字数不限。同学们，我们下课。

（本文原载于《语言文字报》2018年5月2日5版）

# 《藤野先生》课堂撷英 ①

## 一

**王旭明（以下简称"王"）：**同学们，上课！

**学生（以下简称"生"）：**老师好！

**王：**同学们好，请坐！同学们，昨天张老师和大家一起学了一篇课文，叫什么？

**生：**《藤野先生》。

**王：**今天我们接着学《藤野先生》，谁能把课题写下来？好的，这位同学很主动。其他同学把《藤野先生》的课题再写一遍。尽量不看书就能写下来。这位同学在黑板上写得对不对？

**生：**对。

**王：**好，我们鼓励这位同学接着写。大家说作者是谁？

王旭明执教《藤野先生》现场

---

① 本文根据作者 2018 年 9 月 26 日在全国真语文双线统一区域培训活动（青海海东站）中执教《藤野先生》（第二课时）实况整理而成，有删改。

生：鲁迅。

王：在旁边再写下来。其他同学我看了，大家都记下来了，《藤野先生》的作者是鲁迅。鲁迅的原名叫什么？

生：周树人。

王：你们从哪儿知道的？以前学过吗？

生：对。

王：这篇课文从哪里选的？

生：《朝花夕拾》。

王：你们怎么知道的？

生：读过。

王：你呢？

生1：注释里有。

王：两类同学，一类是自己读过的，还有一类没读过，没读过怎么知道？

生：书上有注释。

王：很好！同学们请注意，读任何书一定要借助注释。读过原文很好，但是绝大部分同学没有读过原文，那么可以借助注释知道这本书出自哪里。现在我问大家，从小学到中学，你们学过鲁迅的其他作品吗？

生2：《从百草园到三味书屋》和《阿长与山海经》。

王：他一下子说了两篇，很好，请坐！不许重复了，后面还有没有？

生3：《狗、猫、鼠》。

生4：还有《少年闰土》。

王：这是小学的吧？

生4：是的。

王：你对小学印象很深呢，请坐！还有一个同学，你说。

生5：《阿Q正传》。

王：《阿Q正传》学过吗？还是你读过？

生5：读过。

王：大家知道，鲁迅是现当代非常重要的一位作家。今天我们要学的是他的哪部作品？

**生：**《藤野先生》。

**王：**那么，《藤野先生》这篇课文是写谁的？

**生：**藤野先生。

**王：**是写这个人的，对不对？

**生：**对。

**王：**同学们对写人的课文熟悉吗？小学写过"我的妈妈""我的老师""我的同学""我的朋友"，等等。这叫记叙文。今天我们学的是什么文呢？

**生：**回忆性散文。

**王：**你们预习得太好了，这叫文章体裁。这篇课文的体裁是什么呢？

**生：**回忆性散文。

**王：**对了，是散文。散文的特点是什么？或者什么叫散文呢？

王旭明执教《藤野先生》现场

**生6：**形散而神不散。

**王：**从哪儿背下来的？

生6：小学老师教的。

王：很好。散文的特点就是形散神不散。那么这篇散文的形是什么？神是什么？下面大家再读一遍课文。不出声地读，这叫什么读？

生：默读。

王：真棒！我现在计算时间，同学们用七分钟读完这篇课文。带着这样几个问题去读课文：第一，这篇散文的形是什么、神是什么？第二，藤野先生是个什么样的人？第三，按照藤野先生出现的时间顺序划分自然段。

**（学生默读课文）**

## 二

王：好，时间到。默读完课文的请举手。现在，同学们带着老师刚才提的这些问题，开始朗读。我现在找位同学朗读，其他同学注意听，并且思考老师刚才提的三个问题。

**（生读）**

王：很好，这一段是写藤野先生吗？

**（学生摇头，表示"不是"）**

王：要回答我"不是"，不要摇头，要用语言回答老师。那是写谁呢？

生7：清国留学生。

王：很好，作者写清国留学生，对他们是特别赞美还是不赞美呢？

生7：对清国留学生厌倦。

王：厌倦？你觉得是很厌倦吗？

生7：是的。

王：还有同学有不同意见吗？

生8：对清国留学生的憎恶。

王：厌倦、憎恶，还有呢？你说。

生9：讽刺。

王：厌倦、憎恶、讽刺，这三个词，还有？

生10：失望和不满。

王：厌倦、憎恶、失望、不满和讽刺，这几个词，大家说哪一个最准确？

生：讽刺。

王：很好。为什么是讽刺？那个时候，大家都以去国外留学为美，好像到国外转一圈，不管干什么，我回来就是留学生了。我现在问你们"东京无非是这样"，"无非"换一个词是什么？

生10：只。

王：还有吗？你说。

生11：不过。

王：真棒！可以换一个词"不过"，你看，同样一个词语，可以有不同的方式来表达，这就是我们中国语言的魅力。现在大家一起来思考最后一句：还要将脖子扭几扭，实在什么？

生："标致极了。"

王：标致是什么意思？

生：漂亮。

王：是真的漂亮吗？

生：反语。

王：很好。用反语说一个人很美，实际上不美，就是在讽刺。现在老

王旭明执教《藤野先生》现场

师站在你面前，你用反语讽刺一下老师。

**生11：**老师，你真丑。

**王：**老师真丑，这是反语吗？这太直接了。鲁迅说实在标致极了，是他们真的标致吗？不是，虽然表面上看很美，但实际上非常浅薄和庸俗。我再丑，你也别这么直接啊，谁能再反讽一下，不那么直接地说老师。

**生12：**老师，你真帅。

**（生笑）**

**王：**好，这就是反讽。到我这个年龄了，他还说老师你真帅，这是带有反讽的。当然你们可以再看细节，老师怎么帅呢？比如头发、穿着怎么样，这就是反讽。这位同学你再读一下开头。

**生13：**"东京也无非是这样。上野的樱花烂熳的时节，望去确也像绯红的轻云，但花下也缺不了成群结队的'清国留学生'的速成班。"

**王：**停，给"花下"加点，再画个括号，请问"花下"删去行不行？现在不要"花下"，再读一遍句子。

**生13：**"但也缺不了成群结队的'清国留学生'的速成班。"

**王：**没有"花下"行不行？

**生13：**不行。

**王：**错了，行！怎么不行啊？但是没有了"花下"就不那么？

**生13：**生动。

**王：**不那么生动？有了"花下"就生动了吗？"花下"说的是什么地方？

**生13：**樱花。

**王：**不对。现在想一下我们今天在哪儿上课？

**生：**一中。

**王：**在一中上课和在一中会议室上课哪个更准确？

**生：**会议室。

**王：**写上"花下"是地点。好多同学发出了"噢"声。这声"噢"很好，表示一下子就知道了，"花下"最准确。后面还有一个词是什么？

**生：**成群结队。

王：画四个点，再画上一个括号。这次再回答我，我把"成群结队"也删去，大家读一遍，预备起！

生："但花下也缺不了'清国留学生'的速成班。"

王：再读一遍有"成群结队的"，预备起！

生："但花下也缺不了成群结队的'清国留学生'的速成班。"

王：把"成群结队"删了行不行？

生：不行。

王：又不行？

生：行。

王：到底行不行？

生：行。

王：好不好？

生：不好。

王：这就对了。同学们，我们语文不是光学行不行，还要学什么？

生：好不好。

王：对，我们就要学好的。那为什么有了"成群结队"就好？说明了什么？

生：人数多。

王：经常、天天成群结队地来，对不对？

生：对。

王：所以，这是一种普遍现象，不是偶然的。这一段里没有写藤野先生，而是写东京樱花烂漫的时节，这是什么描写？

生：环境描写。

王：都读懂了，环境描写。作者的意图是什么？为什么还不写藤野先生？这位同学接着读！

### 三

生14："中国留学生会馆的门房里有几本书买，有时还值得去一转；倘在上午，里面的几间洋房里……"

王：停！"倘在上午"中的"倘"是什么意思？

生14：倘若。

王："倘若"是什么意思？

生：如果。

王：对，大家注意解词不能以词释词，同学们请在旁边注释上"如果"。这位同学接着读。

**（生15读第二段）**

王：好，大家在"有一间的地板"下面点上点、画上括号，如果我把"有一间"删去可以吗？这位同学你接着读一下。

生15："地板便常不免要咚咚咚地响得震天。"

王：再加上"有一间"读一下这个句子。

生15："有一间的地板便常不免要咚咚咚地响得震天。"

王：有了"有一间"和没有"有一间"区别在哪里？

生15：它不准确。

王：非常棒！给你加分！刚才老师讲过，有了"有一间"跟"花下"的地点都是为了什么？

生：准确。

王：注明在书边，它的作用就是更加准确。接着看，咚咚咚是几个？

生：三个。

王：我写成一个或者两个，咚地响，咚咚地响行不行？

生：行。

王：同学们终于知道行了，好不好？

生：不好。

王：为什么？咚咚，咚，咚咚，大家念，都发出声来。为什么你们刚才说咚咚咚最好？还是你优先回答。

生15：因为咚咚咚加强了语气。

王：很好，加强了语气。咚咚咚加强了语气。而且咚咚咚更加什么？

生：形象。

王：回答非常准确。旁边写上"更加形象"。还有，"精通时事"是什么意思？看注释。

生：这是讽刺的说法，所谓时事其实是一些无聊的事。

王：很好。这又是在讽刺，你看鲁迅是特别善于讽刺，对吗？这是鲁迅文章的一大特点。说你好，不直接说。说你不好，也不直接说，要讽刺。同学们，现在我们把"精通时事"换一个词，比如熟识，行不行？

生：行。

王：好不好？

生：不好。

王：为什么不好？

生：没有"精通时事"的程度更深。

王：太好了！大家知道换这个词不好。我们刚才品味了这几个词，大家就知道语文多么有意思，用不同的词语就可以表达不同的感情。那么，现在藤野先生出来了吗？

生：没有。

王：还没有。接着读第三段。

生16："到别的地方去看看，如何呢？"

王：还没出来，下一位同学接着读！

（生17读第四段）

王：朱舜水是谁啊？赶紧看书。同学们特别好，老师一问住了，马上看注释，非常好的语文习惯。告诉我朱舜水是谁？

生17：是明末清初的思想家。

王：为什么在这里说他呢？他跑到哪里去了？

生17：他跑到仙台去了。

王：最后在哪里死的？

生17：在水户。

王：对，在这个地方去世的，所以叫客死他乡，对不对？这个词叫什么？

生17：客死他乡。

王：这个词很好。你再从明的遗民朱舜水开始读，预备起！

生17："这是明的遗民朱舜水先生客死的地方。仙台是一个市镇，并不大；冬天冷得利害；还没有中国的学生。"

王：作者离开东京后打算到哪里去？

生17：仙台。

王：从东京跑到仙台去了，觉得东京怎么样？

生17：混乱。

王：很好，请坐！记住"朱舜水"这个词。

## 四

王：这位同学接着读第五段！

（**生18读第五段**）

王：读得很好，请坐，藤野先生出现没有？

生19：没有。

王：你来接着读。

（**生20读第六段**）

王：藤野先生出现了吗？

生20：出现了。

王：在第几段出现的？

生20：第七段。

王：实际上在第几段就出现了？

生20：第六段。

王：第六段已经对藤野先生做了描写，已经看到他了才介绍。

生20：对。

王：请坐，回答老师刚才要默读的问题。课文第一部分应该到哪里？

生20：一到五。

生21：一到三。

王：一到几？按藤野先生出来的时间顺序。

生：一到五。

王：很好。一到五是课文的第一部分，画上线，这是第一部分。第一部分完全写藤野先生了吗？

生：没有。

王：那这叫什么写？没有正面写藤野先生叫什么？

生：侧面描写。

王：很好，注上侧面描写。大家都熟悉过去的知识。好，藤野先生终于出现了，从第几段开始？

生：第六段。

王：是的，要注意从第六段开始，作者开始写藤野先生，他写了几件事情呢？我告诉大家写了四件事情，写了哪四件事情？不看书，看黑板，抬头看我。我要求同学们回去预习了，把这四件事情每一件都给我写一个小标题，下堂课提问大家。此外，再回想一下老师提的问题：藤野先生是个什么人，课文第一部分老师划分出来了，那第二部分应该到哪儿呢？藤野先生为什么给鲁迅先生留下那么深的印象，以致他要专门写一篇回忆性的什么？

生：散文。

王：我希望我今天这一堂课也让你们回去回忆我，好不好？

生：好！

王旭明执教《藤野先生》现场

王：老师有点强迫你们。但是你们要觉得这堂课有的回忆就回忆，咱们下次再见，好不好？

生：好！

王：下课，同学们！

生：老师，辛苦了！

王：同学们也辛苦了，下课！

（本文原载于《语言文字报》2018 年 10 月 17 日 5 版）

# 《〈论语〉十二章》课堂撷英 ①

## 一

**王旭明（以下简称"王"）：** 昨天，我们学了一堂课，叫什么名字？

**学生（以下简称"生"）：** 《〈论语〉十二章》。

**王：** 在中国几千年璀璨的文明史上有一个时期，文化得到迅速发展，出现了很多伟大的人物。古希腊、古罗马、古印度文明也都大概处于这一时期。在中国，这一时期被称作什么？

**生：** 春秋战国时期。

**王：** 非常好。我们今天学习《〈论语〉十二章》，请一个同学把题目写到黑板上，其他同学在自己的书旁边写一遍。（生写）写得真好。我问大家，读"论（lùn）语"行不行？

**生：** 不行。

**王：** 为什么？这个字不是念 lùn 吗？

**生1：** 因为这篇文章是《〈论（lún）语〉十二章》。

**王：** 所以就读 lún，对吗？老师来告诉大家，在古代，"论"这个字读作 lún，是规范、条例的意思。那"论语"是什么意思？规范的，有条例的……

**生：** 语言。

**王：** 谁的语言？

**生：** 孔子。

**王：** 这本书是孔子自己写的吗？

**生：** 不是。

**王：** 是孔子的弟子们把他的语录规矩、规范地编辑而成的一本书，叫《论语》。我现在要检查同学们预习和第一课时学习的情况。这篇课文的作者是谁？

**生：** 孔子。

**王：** 孔子叫什么？

---

① 本文根据作者 2018 年 9 月 28 日在"中小学语文教育与中华优秀传统文化"课题区域培训活动（青海互助站）中执教《〈论语〉十二章》（第二课时）实况整理而成，有删改。

生2：孔子名丘，字仲尼。

王：你是怎么知道的？

生2：预习了。

王：怎么预习的？

生2：看书上的注释。

王：很好，看注释，这是一个极好的读书习惯。孔子是一个非常伟大的思想家，关于他有很多故事与传说。习近平总书记在孔子两千五百六十五年的诞辰之际，出席纪念会并发表了讲话。历来的古代思想家都非常重视孔子，甚至说"天不生仲尼，万古如长夜"，可见孔子有多么重要，他给几千年来的人们带来了光明。古人称谓中很多都用"子"字，"子"是什么意思？

王旭明执教《〈论语〉十二章》现场

生3：古代对男子的尊称。

王：任何一个男子就能叫"子"吗？

生3：应该不能。对国家甚至世界有伟大贡献的人，人们尊敬他，才称之为子。

王：大家记住，虽然古代的子是对男子的尊称，但只有有知识，且称为老师的人，一般才被称为子。王老师如果在古代也可以叫王子，当然，我没有做出那么大的贡献，只是通过这个例子加深大家的理解。古代有好多人被称为"子"，比如老子、庄子、孙子、曾子。你们知道他们的姓名吗？老子姓什么？庄子姓什么？看来大家没预习到位。现在我请一个同学把预习部分的第一段念一下。

生4：很多同学都知道老子、孔子、庄子、孟子、孙子、曾子等古代先哲，"子"是他们的名字吗？你知道"子"的含义吗？

王：子是他们的名字吗？

生4：不是。

王：是人们对他们的什么？

生：尊称。

王：很好。他们的名字是什么，同学们没预习好，老师今天不讲。老师留一个作业，大家课下重新预习。读教材不仅要看注释，还要看什么？

生：预习。

王：很好。我明天一上课就要提问你们老子等人的姓和名是什么，如果大家知道了他们的字当然更好。老子姓老吗？

生5：不是。

王：孙子姓孙吗？

生6：不是。

王：错了，为什么老子不姓老，孙子就姓孙？这需要大家下课借助各种工具书来了解。我再请一个同学读预习部分第二段。

生7：孔子是儒家学说的创始人，被后人尊称为"圣人""至圣先师"。关于孔子，你知道他的哪些故事呢？讲一讲，与同学分享。

王：请坐。有同学知道他的故事吗？没有。孔子当年是像咱们这样在教室里讲课吗？不是。他怎么讲课呢？带着他的弟子周游列国。具体老师就不讲了，该怎么了解？

生：查工具书。

王：非常好，同学们课下查工具书和有关资料，了解孔子的故事，下节课在课堂上讲述。

## 二

王：咱们来看课文，请集体把第一章读一遍。

（生读）

王："学而时习之，不亦说乎"中的"说"，有的读 yuè，有的读 shuō，到底读什么？

王旭明执教《〈论语〉十二章》现场

生8：读 yuè。

王："说"字在句中是什么意思？

生9：愉快。

王：看注释，古代的"说"当愉快讲，和现在的"说（shuō）"是通假字。"有朋自远方来，不亦乐乎"中的"乐"读什么？

生10：读 lè。

王：刚才有同学读成音乐的乐（yuè）了。这个字在句中读 lè，是什么意思？

生：快乐。

王：好，请这一排同学再读一遍。

（生读）

王：现在给大家一分钟时间背诵，背完之后两人一组，互相检查背诵情况。

（生背，互相检查）

王：能把这一章背下来的举手。好，我现在先请举手的同学来背诵，其他同学看对不对。还没背下来的同学赶紧继续背。

（生背）

王：真好。现在还不能背下来请举手！我请这个举手犹豫的同学背一下。

（生背）

王：很好，大家给他掌声。为什么？因为他拼命地在读、在想，这是一种学习精神。会背后，想想这一章是什么意思。我找一个同学背，另一个同学说出大概意思。读与背是学习古代诗文最好的方法。给大家半分钟时间准备。

（生读）

王：请暂停。请你（指生11）来背诵，请你（指生12）说意思。

生11："子曰：'学而时习之，不亦说乎？'"

生12：孔子说，学习过后你温习，这是件不快乐的事情吗？

王旭明执教《〈论语〉十二章》现场

生 11："有朋自远方来，不亦乐乎？"

生 12：有朋友从远方来，你不开心吗？

生 11："人不知而不愠，不亦君子乎？"

生 12：你不知道就不生气，这是有才能的人该做的事吗？

王：请你把"人不知而不愠"再解释一遍。

生 12：人不知道就不生气。

王：这两位同学一个背诵得很好，另一个解释得也通顺。但"人不知而不愠"解释得不对。

生 13：这句的意思是：人家不了解我也不生气。

王：人家不了解你，或者不知道什么东西，你不生气，这就是君子。懂得了大概意思，还要知道几个关键部分。"学而时习之"，现在我们可以把它看作一个词，是什么词？

生：复习。

王：《〈论语〉十二章》非常重要，这里既有人生态度，又有教学方法。如果老师只在讲，你们只在记，这叫"学"，还是"习"，还是"学习"？

生：学。

王：这叫"学"。只有让你们不断复习老师讲过的知识，才叫"习"。一堂课老师既要讲，又要让你们练；你们既要记，又要练，这才叫一个完整的学习过程。大家要记住孔子告诉我们的学习方法。请把"习"字加点并画下来，"习"有练习、温习的意思，因此我们现在说的"学习"其实是两个词。"不亦说乎"，是反问句，可忽视没有实际意义的助词"乎"。大家把"愠"字加点并画下来，它是什么意思？

生：生气。

王：人们不能因为不知道而生气，人不知道没有错。因此，刚才同学们答错或答得不那么准确时，老师批评你们了吗？

生：没有。

王：老师要批评你们了，老师就不是君子了。人家不了解、没有学过，所以答错了也没关系，我们不能生气。比如，我把你的名字叫错了，你生气吗？

生14：我不生气。

王：为什么？

生14：因为我们初次见面，您不了解我是一件很正常的事情。

王：因为我不知道，你才不愠。用这个词，你才不——

生14：我才不愠。

王：所以你才是君子。这句话启示我们，别人说错了或者做错了，我们都不要生气，我们要当君子。同学们再集体背诵一遍。

（生背）

王：这一段三句话，既有讲学习方法的，也有讲做人道理的。哪一句是讲学习方法的？集体告诉我。

生："学而时习之，不亦说乎。"

王：讲做人道理的是哪句？

生："人不知而不愠，不亦君子乎？"

王："有朋自远方来，不亦乐乎"也是讲做人道理的，朋友从远方来，大家要高高兴兴的。


### 三

王：接下来，我请一个同学读第二章。

（生读）

王：很好，下面我们集体读一遍。

（生读）

王：很好。现在我给大家一分钟时间背下这一章，并试着理解大概意思。（生背）停下来，我们换一个方法，一边让大家强迫自己快速记忆，一边让大家尽快知晓大概意思。集体回答，"吾日三省"中的"吾"是什么意思？

生：我。

王：曾子的姓、名、字各是什么？

生：姓曾，名参，字子舆。

王："三省"是什么意思？

生：多次自我检讨。

王：在这里是几次？

生：三次。

王："三"可以理解为很多，在句中就是指三次。"为人谋"中的"谋"是什么意思？

生：替人谋划事情。

王："忠"字呢？

生：竭尽自己的心力。

王："与朋友交而不信"中的"信"呢？

生：诚信。

王："传不习乎"中的"传"呢？

生：传授，特指老师传授的知识。

王：很好。你背诵，他来一边看你背得对不对，一边翻译出来。

生15："曾子曰：'吾日三省吾身。'"

生16：曾子说，我每天都进行自我检查。

王：在这里就几次？很明确，三次。

生15："为人谋而不忠乎。"

生16：竭尽自己的心力替人谋划事情。

王：或者按这个顺序说，替别人谋划事情，是不是尽心尽力？

生15："与朋友交而不信乎。"

生16：和别人交朋友是否做到了诚信。

王："信"是什么意思？

生16：诚信。

王：非常好。信就是诚，诚就是信，"诚信"是一个完整的词，大家以后会陆续接触到很多这样的词。

生15："传不习乎。"

王："传"是什么意思？

生16：老师讲授的知识。

王：老师讲授的知识怎么样？

生16：是否温习。

王：刚刚学完的东西，如果不"习"，会很容易忘。大家再说一遍"传不习乎"的意思。

生：老师传授的知识要及时复习。

王：很好。我们请一个同学背诵曾子说的反省内容，另一个同学给他完整地翻译出来。

生17："曾子曰……"

王：先暂停。"曾"是多音字，在"曾子"中念 zēng，现在也有这个姓氏。请继续。

生17："曾子曰：'吾日三省（shěng）……'"

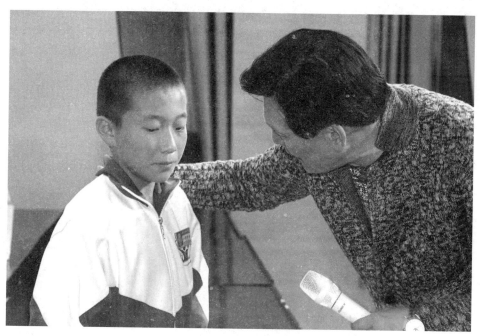

王旭明执教《〈论语〉十二章》现场

王："吾日三"什么？

生17：省（xǐng）。

王：这个字也是多音字，我们是青海——

生17：省（shěng）。

王：我们每天要对自己——

生17：反省（xǐng）。

王：很好，继续。

生 17："曾子曰：'吾日三省吾身：为人谋而不实乎？'"

王：你一看到忠，就想到实。"忠实"是个常用词，但注意区分两字，再读一遍。

生 17："为人谋而不忠乎？与朋友交而不信乎？传不习乎？"

王：这句话是什么意思呢？

生 18：曾子说，我每天三次进行自我检查，替别人谋划事情是否尽心尽力？与朋友交往是否诚实？老师传授的知识是否温习？

王：非常好。大家要重点记住这一章里的关键字词，如"吾日、三省、谋"，尤其是"忠"和"信"，要知道它们的准确意思。曾子每天三次反省，现在两千多年过去了，我们从今天开始每天至少要反省几次？

生：三次。

王：每天睡觉前至少要三次，不一定都是这个内容，但有一个内容一定要每天反省，用原文告诉我是哪个内容？

生："传不习乎？"

王：今天晚上回家以后每天都要做这个反省，老师传的知识，你们是否"习"了。

四

王：下面请同学读第三章。

（生 19 读）

王：很好，你知道它的意思吗？

生 19：孔子说，我在十五岁的时候立下志向学习，三十岁基本做到了，四十岁基本没有不会的问题了，五十岁知道自己的命运了，六十岁做到耳顺，七十岁时能随从意愿，不超过法度。

王：说出了大概意思，但"耳顺"没有翻译出来，是什么意思呢？

生 19：对此有多种解释，通常认为能听进不同意见。

王：很好，画下来。在这里"耳顺"是指听得进不同的意见。孔子多大岁数能听进不同意见了？

生：六十岁。

王：六十岁才能听进不同意见。我已年过六十岁，也能听进不同意见了。但你们不能到了六十岁才能听进不同意见，从现在开始就要做到。你们现在几岁了？

生：十二岁。

王：大概是十五岁，应该干什么？请用原文告诉我。

生："志于学。"

王：你们现在要做的就是好好学习。到了七十岁随心所欲，想干什么就干什么，但要有一定的规矩，叫什么？

生："不逾矩。"

王：不破坏规矩。再集体读一遍。

（生读）

王：今天我们学了《〈论语〉十二章》的前三章。老师给大家特别强调了几个学习方法，第一个是什么？

生：看注释。

王：第二个呢？

生：看预习。

王：这个大家没有做好，课下要补上。第三个方法是什么？

生：查工具书。

王：除了字典，你手边的其他书也可以查。第四个方法是什么？

生：读和背。

王：大家用好这四个方法学习古诗文，能极大地提高学习效率。今天的作业，一是背诵学过的三章内容；二是查询孔子、曾子、孙子的名和号；三是预习课文剩下的内容，要读通顺，看注释，知道大概意思。前三章既有做人的准则，又有学习的态度和方法，后面几章也都是讲做人或学习方法，对今天的我们特别有启发。比如"学"和"习"，大家以后要好好地"学"，还要记得"习"，按照孔子说的那样，去做人、去学习。同学们下节课再见！

（本文为本书首发）

# 《孔乙己》课堂撷英<sup>①</sup>

## 一

**王：**今天我们进一步学习昨天大家学的课文，我请一位同学（生1）把课题和作者写在黑板上，大家看看他写得对不对。同学们想想昨天学习的课文题目叫什么？

**生：**《孔乙己》。

**王：**这位同学写得很好，大家要练字，争取把字也写得这样漂亮。孔乙己是虚构的人还是现实社会中的人？为什么？

**生2：**我认为是真实的。

王旭明执教《孔乙己》现场

**王：**为什么是真实的？

**生2：**因为鲁迅先生生活的时代，国民精神麻木，旧社会文化遗毒尚存，像孔乙己这样的酸书生有很多，如范进，他们都深受科举毒害，命运悲惨。

**王：**真是有这样一个人，那么在一百年前的那个社会里，他姓什么？

**生2：**姓孔，绰号叫孔乙己。

---

① 本文根据作者2018年12月5日在全国真语文双线统一区域培训活动（南阳站）中执教《孔乙己》（第二课时）实况整理而成，有删改。

王：刚才说是虚构的同学，说说你的理由。

生3：鲁迅先生生活的时代，有很多像孔乙己一样被科举制度毒害的人，因此，鲁迅先生通过虚构孔乙己形象讽刺当时的科举制度。

生2：我们都不是鲁迅先生，无法揣测他当时的写作意图，但他写这篇小说时肯定是依据一定的现实，不是凭空想象的，所以孔乙己是有可能存在的。

生3：我们只知其姓并不知其名，如果真有这个人，鲁迅先生为什么不在文章中写出他的名字呢？

生2：因为孔乙己的名字并不重要，重要的是其象征意义。他象征那个时代被科举毒害的所有人。因此，作者没有写出他的名字是合理的。

王：这两位同学非常清楚、大胆地表明自己的观点，非常好。

王旭明执教《孔乙己》现场

生4：我认为孔乙己既是真实的人，也是虚构的人。真实在于取材真实，现实中的确有这种人，孔乙己是当时科举制度下所有穷酸学生的缩影；虚构在于现实生活中可能没这个人。

生5：我认为孔乙己是真实存在的。文章最后一句话说"我到现在终于没有见"，说明孔乙己肯定是现实生活中存在的人，且他生活在鲁迅先生的家乡，所以鲁迅先生才会这样写。孔乙己没有真实姓名，是因为当时的人都不知道孔乙己的真实姓名，不能因为他没有真实姓名就说他是虚构的。

生6：我觉得孔乙己是虚构的人。孔乙己这个形象很典型，在现实生活中不一定存在，鲁迅先生是把现实生活中这类人的所有特点都集中到了孔乙己身上。

王：大家说得都有道理，但忽略了一个强有力的判断根据。

生7：这篇小说是真实的还是虚构的，是问题所在。

王：是的，我们每学一篇文章首先要考虑体裁问题。《孔乙己》这篇课文的体裁是小说，小说的人物形象都是虚构的。这就是根据。

## 二

王：小说有人物、情节、环境三个要素。这篇小说的题目告诉我们人物是孔乙己。那么，鲁迅先生为什么要虚构这个人物，想要表达什么？同学们要将这个问题贯穿于下面的阅读中。这篇小说共有十三段。首先，大家思考孔乙己是在什么时候出现的。（生回答"在第四段真正出现"）然后，大家迅速浏览全文，思考孔乙己什么时候又消失了。（生回答"在第十二段又消失了"）这篇小说按照从孔乙己出现到消失来划分层次，可分为几个部分？第一部分是第一段到第几段？

生：第三段。

王：第二部分是第四段到第几段？

生：第十一段。

王：在文中做好标注，孔乙己又消失了。学习文章首先要搞清楚文章的结构。第三个问题，我们要思考这篇小说的表达方式是什么。大家学过哪些表达方式？

生8：描写、议论、抒情。

生9：说明。

生10：记叙。

王：小说的表达方式有很多种，其中包含了大家说的这几种。今天我们主要探讨《孔乙己》中的描写这一表达方式。我请一位同学读第一段。

（生11读第一段）

王：请坐。这一段中，站着喝酒的和坐着喝酒的各是什么人？

生 12：站着喝酒的是短衣帮、没有钱的人，坐着喝酒的是穿长衫、比较阔绰的人。

王：有文化的，有钱的，穿长衫的，都坐着喝酒。没钱的人就站在旁边吃点喝点就走了。旁边的同学接着读第二段。

**（生 13 读第二段）**

王：从题目可看出主人公是孔乙己，那么文中是谁在说孔乙己？是"我"。"我"是第一人称。"我"改成"他"，可以吗？

生 14：不行。

王：为什么不行？

生 14：因为作者不是神，也不知道孔乙己怎么样。

生 15：不行，因为用第三人称，虽表达清晰，但真实性不够。

王：很好。用第一人称写表达上更亲切、自然、真实。用第三人称写也可以，但缺少自然和真实。请你来读第三段。

**（生 16 读第三段）**

王：只有孔乙己到店才可以什么？

生：笑几声。

王：把"笑"字画下来，"笑"字在文中多次出现，这里是第一次出现。就读到这里，不往下看，你觉得孔乙己是个什么样的人？

生 16：自带喜感。

王：非常现代的词，很好。孔乙己的到来可以给周围的环境带来一点欢笑，这个人挺可爱的。这三段孔乙己都没出现，如果开篇就写孔乙己一来大家就笑了，可以吗？

生 16：不可以。

王：为什么？

生 16：我觉得作者要强调的不是孔乙己到店就让大家笑了，而是孔乙己自身的经历让人可以有取笑、嘲笑的点。

王：同学们记住，学习语文要多思考文章这样写行不行、好不好，怎么写更好。小说要有人物、情景、环境，这三段就交代了孔乙己的生活环境。

# 三

**王**：从第四段开始孔乙己出现了，请这位同学读第四段。

**（生17读第四段）**

**王**："孔乙己是站着喝酒而穿长衫的唯一的人"，作为穷人的孔乙己为什么还穿长衫？

**生17**：他向往上层社会的生活。

王旭明执教《孔乙己》现场

**王**：孔乙己是个非常矛盾的人。穿长衫说明他有文化、曾经有钱。"孔乙己是站着喝酒而穿长衫的唯一的人"的言外之意是，孔乙己是一个有知识、有文化、穷困破落的人。请你再读一下"他身材很高大"这两句。

**生17**："他身材很高大；青白脸色，皱纹间时常夹些伤痕；一部乱蓬蓬的花白的胡子。穿的虽然是长衫，可是又脏又破，似乎十多年没有补，也没有洗。"

**王**：这两句是什么描写？（生回答"外貌描写"）这两句把"孔乙己是站着喝酒而穿长衫的唯一的人"具体化了。小说有多种描写方法，但主要有正面描写、侧面描写两大类，正面描写和侧面描写各包含多种方法，如正面描写包括动作描写、外貌描写、语言描写等描写方法。第四段写了孔乙己的语言、长相、穿着，都是正面描写，大家在旁边标明。

下面请大家迅速浏览第四段，寻找有关孔乙己的"笑"。"所有喝酒的人便都看着他笑"是第一"笑"，后面"引得众人都哄笑起来"，都画下来。这一段中大家都在嘲笑孔乙己，笑他的话，笑他的解释，笑他的说明。下面孔乙己"排"出九文大钱，把"排"字画下来，"排"是什么意思？

生18：倒出来。

王：为什么不说倒出来呢？

生19：就是用手排好。

王：把钱一块一块地排好，说明他很讲究。下面请同学读第五段。

**（生20读第五段）**

王："拭"是什么意思？

生20：擦。

王：这一段写的事都是听人议论的，叫什么描写？（生回答"侧面描写"）在这段旁边注明。前面同学接着读下一段。

生21："孔乙己喝过半碗酒，涨红的脸色渐渐复了原，旁人便又问道：'孔乙己，你当真认识字么？'孔乙己看着问他的人，显出不屑置辩的神气。他们便接着说道：'你怎的连半个秀才也捞不到呢？'"

王：把"捞不到"改成"当不上"可以吗？

生：可以。

王：好不好？

生：不好。

王：用"捞不到"更能表现大家对孔乙己的嘲讽。接着读。

生21："孔乙己立刻显出颓唐不安模样，脸上笼上了一层灰色，嘴里说些话；这回可是全是之乎者也之类，一些不懂了。在这时候，众人也都哄笑起来：店内外充满了快活的空气。"

王：同学们一起读："脸上——"

生："脸上笼上了一层灰色。"

王：刚才大家在嘲笑孔乙己，现在孔乙己脸上笼上了一层灰色，说明他心里怎么样？

生22：伤心。

生23：失落。

生24：颓唐。

王：都对，说明孔乙己心里非常难受。"众人也都哄笑起来：店内外充满了快活的空气"，又出现了哄笑，读到这里你喜欢孔乙己吗？

生25：喜欢。

王：你如果在场也会跟众人一起哄笑吗？

生25：不会。

王：为什么？

生25：因为他们的笑是嘲笑。

王：你比他们觉悟高。一百多年以后的你比他们觉悟高，一百多年以前的你会比他们觉悟高吗？可能不会。今天的我们，遇到孔乙己这样的人，不哄笑了，当时的人哄笑，说明那时的人怎么样？麻木。请你接着读第七段。

生26："在这些时候，我可以附和着笑，掌柜是决不责备的。而且掌柜见了孔乙己，也每每这样问他，引人发笑。"

王：这篇小说中多次提到"笑"，这两句中就出现两次，大家有没有画下来？你重读这段，其他同学在认真听的同时画出关键信息。

（生26读第七段）

王：读完以后，你喜欢孔乙己吗？

生26：喜欢。

王：大家喜欢吗？挺可爱的，小孩不懂他就教，小孩装不懂气他，他也不生气，很可爱的一个老头。旁边的同学接着读第八段。

生27："有几回，邻居孩子听得笑声……"

王：停，关键字是什么？

生："笑"。

王：同学们都找到了。你接着读。

（生27读第八段）

王：孔乙己是这么可爱、有趣的人，但他的命运怎么样呢？旁边同学接着读。

（生28读第九段）

王：画下来这句话，它是什么意思？你再读一遍。

生28："孔乙己是这样的使人快活，可是没有他，别人也便这么过。"

王：这句话的言外之意是，孔乙己是一个可有可无、没有用处的闲人。你接着读。

（生29读第十段）

王：听说孔乙己被打折了腿，甚至有可能死了，掌柜不再问了，仍然慢慢地算他的账。从这儿可以看出掌柜是怎样的人？

王旭明执教《孔乙己》现场

生30：麻木。

王：麻木还不够，还有什么？

生31：冷酷。

生32：凉薄。

王：是的。这一段写的事是真的吗？可能是真的，也可能是假的，因为这一段都是听人说的，这是什么描写？（生回答"侧面描写"）后面的同学接着读。

（生33读第十一段至"我温了酒，端出去，放在门槛上"）

王：大家一起接着读："他从破衣袋里……"

生："他从破衣袋里摸出四文大钱，放在我手里，见他满手是泥，原来他便用这手走来的。不一会儿，他喝完酒，便又在旁人的说笑声中，坐着用这手慢慢走去了。"

王：哪个字让你们印象特别深刻？

生："摸"。

王：刚才是"排"，这里也用"排"，可以吗？

生：可以。

王：好不好？

生：不好。

王：他现在已经破落到一无所有的程度了，刚才还有几文大钱能排，"排"说明他还在讲究一种排场和面子，现在已经连面子都讲不了了，所以他摸出了几文大钱。孔乙己这样落魄，旁边人怎么看他？

生：笑。

王：说明孔乙己周围的人都是什么人？一百多年前的这些人很没有同情心，非常冷漠、无情，这是那个社会的缩影。今天，如果我们再在马路上碰到这样一个瘸子、瘫子，你会嘲笑他吗？不会，我们还会尽力帮助他。从此孔乙己怎么样？（生回答"消失了"）这一部分写了有关孔乙己的六个生活场景，有正面描写，有侧面描写。

## 四

王：孔乙己到底做什么去了？请你接着读。

（生34读第十二、第十三段）

王：孔乙己跑哪儿去了，死还是没死？

生35：作者也不清楚，但应该是死了，因为之前孔乙己是一个非常有信用的人，从不拖欠，如今这么长时间，他都没有来了，极有可能是死了。

王："大约"是可能的意思，"的确"是一定的意思，这两个词是矛盾的。通常两个矛盾的词不能放一起描写，但鲁迅笔下经常出现这种很矛盾的写法，我们称之为鲁迅笔法。其实这样写也是符合逻辑的。鲁迅先生没得到孔乙己的死讯，并不确定孔乙己是不是死了，所以说"大约"；根据小说情节发展，孔乙己没有生活能力，必死无疑，所以说"确定"。

现在我们再来看前面提的问题：鲁迅先生为什么要虚构孔乙己这样一

个人，这篇小说反映了什么主题？同学们想想文中除了孔乙己还写了谁？（生回答"众人、'我'、小伙计、掌柜的"）掌柜的和众人对孔乙己是什么情感、态度？（生回答"冷漠、嘲笑、讽刺"）这反映了那个社会的人精神麻木，他们抛弃善良、没有生活能力、对社会没有用处的人。这就是这篇小说的主题。

这节课我们梳理了这篇小说中的一些关键字、词、句，探讨了小说主题，课下大家再仔细、认真地揣摩，特别是老师让大家画的字和词，完成书后练习。学了这篇小说，大家知道孔乙己是一个什么样的人物了吗？（生回答"虚构的人物"）同学们课下再完成一个虚构的片段：你们只知道我姓王，还给你们上了一堂课，不查任何有关我的资料，虚构一个王老师。以王老师为原型，可以改性别、长相等。你想把心目中的老师写成什么样，你就虚构成什么样，这就是虚构。之前你们一直学记叙文，老师强调写作的真实性，现在学习了小说，你们可以像鲁迅虚构孔乙己一样去写。今天的课就上到这里，下课！

（本文原载于《语言文字报》2018 年 12 月 19 日 5 版）

附　录

陶行知先生"千教万教教人求真,千学万学学做真人"的求真教育理念是真语文的理论源泉之一。本书作者王旭明兼任中国陶行知求真教育实验研究院院长,对陶行知先生的理念十分认同。王旭明强调,求真教育理念的贯彻不应只局限于语文课堂,所有学科的教学都应该以此为方向。为此,他在几场活动中分别执教了少先队活动课、主题班会课等不同类型的活动课,示范如何将真语文之"真"落实在其他学科教学中。本书选取其中的两篇教学实录,展示真语文理念在全学科教学中的普适性与不竭生命力。

# "中国110宣传日·法制安全教育"少先队活动课<br>课堂撷英 ①

## 一

王:其实手机对我们帮助很大,比如,老师问到你们不懂的问题或社会上你们不知道的事时,你马上就可以用手机查查。你们平时都查什么?

生(全体):百度。

王:查百度。对,用手机我们可以查找很多生活中不知道的事情的答案。今天既然都没有带手机,那么大家回家以后可以查一查,看看"110宣传日"是怎么回事,好不好?

生(全体):好。

王:你们知道"110宣传日"是怎么回事吗?有人提前了解过吗?谁拨打过110电话?

某生:我打过一次。

王:好。有个同学打过一次,我们听他说说。你是因为什么事拨打了110?

某生:我看到有三辆车撞在一起了。

王:你可以说清楚一点吗?你在这三辆车其中的一辆上吗?

某生:没有,我在后面。

---

① 本文根据作者2018年1月5日在中国陶行知研究会求真教育实验研究院2017学术年会期间执教少先队活动课实况整理而成,有删改。

王：你发现他们撞车了，怎么想起打110的？

某生：我妈妈以前和我说过。

王：妈妈说过碰到突发状况，比如这件事影响了交通安全，就要打110。很好，还有其他同学吗？你来说说。

某生：有一次我爸爸开车到一个路口，也是看到撞车，就拨打了110。

王：你遇到的也是差不多的交通事故。还有其他人吗？

某生：我有天晚上在家门口看到有个人被车撞了，就拨打了110。

王：你看到人被撞了？人受伤了吗？

某生：已经死亡了。

王：当场死亡了？

某生：对。

王：你看到这样的事，所以赶快给110打电话。这一定在你的脑海中留下了深刻印象。所以我们平时一定要注意交通安全。刚才三位同学拨打110都是因为交通安全，但110不仅是管交通事故的。谁知道110还管什么？

某生：有一次我和我妈妈一起逛商场，一个人的脚绞在滚梯里了，要下电梯时出不来了。我妈妈当时按了急停，让我拨打了110。

王：是你拨的电话吗？

某生：是。

王：是那个人要求你打的，还是你看到这种情形自己主动拨的110？

某生：他喊了救命，于是我就去拨了。

王：同学们，我们给她一些掌声。见义勇为可以发生在交通事故中，也可以发生在逛商场的时候，还有很多其他情况。我现在想告诉大家，110报警服务台是怎么回事。在1986年1月10日，广州公安局在全国首先推出了报警服务台，告诉市民们发生特殊情况可以拨打110。当时老百姓很高兴，遇到不知道如何解决的事，可以拨打110了。后来到了1987年4月，我们国家的公安部就把广州的经验在全国做了推广，从此每年1月10日被定为"110宣传日"。我们拨打110电话主要目的是遇到突发情况时，维护自己或身边其他人的合法利益，这就是法制的重要内容。现在要让同学们提高法制水平，你们不可能真的去看法制类书籍或整天背法律条文。遇到了这方面问题，打110就是法制教育教给我们的最好的解决方案。

## 二

王：大家以前遇到了那么多问题，我现在想再告诉大家，如果你们亲身经历或者听说这类事情要怎么办。（指定一位学生）比如说，你叫什么名字？

生：我叫 A。

王：假如你今天没有完成作业，老师很生气，把你叫到办公室，强迫你喝水，怎么办？

生 A：报警。

王：假如我是 110 报警台，你怎么说？

生 A：就说老师虐待学生。

王：假如老师不让你打电话，继续虐待你，你怎么办？

生 A：就说有突发状况，先说自己在哪儿。

王：假如我现在是 110 报警服务台，你现在拨电话。（模拟 110 报警服务台）你是？

王旭明执教少先队活动课现场

生A：我是A，我在北外附属外国语学校，现在有老师虐待学生，需要你们赶快过来。

王：你们老师叫什么名字？

生A：王老师。

王：你能说出他的全名吗？

生A：王旭明。他虐待学生。

王：**同学，你先回到教室，警察叔叔马上过去，你现在先上课吧。**

王（对全体）：你们说他说得对吗？有什么需要补充的吗？

某生：他可以再补充他是几年级几班的，警察可以到哪栋楼去找他。

王：很好，要补充更具体的细节，特别是重要细节，比如几年级几班。

某生：要补充如何被老师虐待，比如说明自己作业忘写了，老师把我带到办公室，打我，还强迫我喝水。

王：你说得非常好，上一位同学补充的是时间地点，方便警察叔叔找到你；这位同学的补充也非常好，说明这件事有多么严重，引起警察叔叔的注意。两位同学回答得非常好，还有要补充的吗？

某生：我觉得还要补充是哪一个北外附属外国语学校，是小学还是大学。

王旭明执教少先队活动课现场

王：还有其他的北外附属外国语学校吗？

**某生：**有的。

王：你帮老师补充了知识，谢谢你。那是不是也应该加上北外附属外国语学校位于哪里呢？

**生（全体）：**位于西二旗的。

王：这么多同学补充了，还有吗？

**某生：**应该补充老师现在在什么地方。

王：你说的这点特别重要。老师在粗暴对待学生甚至虐待学生时，你们无法打电话，否则老师肯定走了，所以你要出来打电话，比如"现在老师在哪里，你们快来"。还有吗？

**某生：**应该补充具体什么时间虐待他。

**王（对 A）：**我们这么多同学帮你补充，现在我们再来一遍，要说得更具体一点，要不警察就会来得很慢。

**王（模拟 110 报警服务台）：**哪位？

**生 A：**我是 A。我现在在海淀区西二旗北外附属外国语学校，我是五年级（4）班的。因为我没有写作业，王老师虐待我，还强迫我喝水。我现在在综教楼，老师刚才在办公室里，现在有可能出去了。现在的时间是第二节课到第三节课之间。

王：这么严重吗？这个情况向你们的校长反映了吗？

**生 A：**还没有。

王：直接找了警察叔叔吗？为什么没找校长？

**生 A：**找不到校长。

王：好，你先在教室上课，警察叔叔马上到。

**生 A：**谢谢警察叔叔。

王：很好。大家给他一些掌声。

**（生全体鼓掌）**

王：大家说说，我为什么要求大家给他一些掌声？

**某生：**因为他报警时把细节说全了。

王：对。第一点，他遇到这种情况，找不到校长，能够及时想到用什么方法维护自己的合法权益？

生（全体）：报警。

王：用什么报警？

生（全体）：手机。

王：拨什么电话？

生（全体）：110。

王：用手机拨110来维护自己的合法权益。同学们记住，以后都拨打110来维护自己的合法权益。那第二点是什么呢？他第一遍没有把事情说清楚，经过几个同学补充后，第二遍把事情说完整了，是什么原因？

某生：是因为他倾听了大家的意见，把话说完整了。

王：非常好。他第二遍说得更具体、完整，比第一遍好多了。刚才五六个同学发言，他能够听取别人的意见，然后将其消化变为自己的东西。（对A）你可以先回去了。

三

王：当我们遇到各种难题，能够维护自己的合法权益，就是我们同学法制意识强的表现。在全国有不少学生在遇到这样的暴力事件后，不知道怎么办，比如最近在北京有所幼儿园就发生了这样的事，大家知道是什么幼儿园吗？

生（全体）：红黄蓝。

王：对。他们比我们年纪小，不知道怎么办，后来还是被家长发现的。所以我们在自己的合法权益受到侵害时，就要想办法维护。如果110打不通时，还应该和谁说？

生（全体）：爸爸妈妈。

王：对。爸爸妈妈是我们什么人？

生（全体）：亲人。

王：从法律上说，还是什么人？

某生：监护人。

王：你们的法律知识很丰富。对，监护人也要保护你们的合法权益。但如果爸妈打你们怎么办？

某生：找居委会。

王：这是一个办法，还有呢？

**某生**：找保安。

**某生**：家长打我们肯定是出于某种原因，因为他们是最爱我们的人，不会伤害我们。

王：现在我们找四位身材高大的男生和一位瘦弱一点的学生。（指定几位同学 B、C、D、E、F）大家觉得我们要模拟什么？

**生（全体）**：校园暴力。

王：平时学校发生过这种情况吗？

**生（全体）**：没有。

**王（对瘦弱学生 B）**：现在他们在一个没有人知道的地方，同学和老师都走了，所有人都不在。他们把你拉到一棵大树旁边。（对 C、D、E、F）现在你们开始欺负他。

**（生 B、C、D、E、F 模拟校园暴力）**

**王（对 B）**：在当时你也没有办法，只能任由他们欺负。等他们走了以后，你怎么办？

**生 B**：打 110。

**王（模拟 110 报警服务台）**：哪位？

王旭明执教少先队活动课现场

生B：我是B。刚才有四位同学一直群殴我。

王：请你说一下四个人的名字。

生B：他们是C、D、E、F。

王：他们现在在哪里，已经离开了吗？

生B：已经走了。

王：你知道他们是出于什么原因打你吗？

生B：没有原因。

王：你现在哪里？

生B：某个胡同，不太清楚名字，就在北外附校旁边。

王：你不要离开，警察叔叔马上过去。

生B：谢谢。

王（对学生C、D、E、F）：你们说，他刚才报警说的话有什么问题吗？

生C：他没有交代具体情况。

王：没有具体说怎么打他，对吗？还有吗？

生D：他没有说时间。

某生：他没说自己的学校和班级。

某生：他可以具体说说自己身边有什么标识。

某生：他可以说说打人者是哪所学校、哪个班级的。

某生：我觉得他应该描述一下那四个打人者的长相。

某生：还有他受了什么伤。

王：平时同学之间开玩笑可以，但是行为不能越过界限，对不对？好，我们掌声感谢这五位同学。

（生全体鼓掌）

## 四

王：大家看，我们刚才说的几个特殊事件，都是老师对学生的暴力行为和同学之间的欺凌行为。请注意老师的用词。如果老师只是让你站起来，能报警吗？

生：不能。

王：对。同学们要分清楚老师的正常管理和暴力行为，这二者是有区别的。现在大家知道遇到突发事件，我们要打电话给 110 报警服务台来维护自己的合法权益。注意，是"合法"的权益。如果是不合法的权益，那我们不能打 110。大家能对此举几个例子吗？

**某生：** 如果小偷偷东西时被发现，然后被人打了，不能打 110。

**王：** 如果被打死了呢？

**某生：** 不能打死小偷。

**王：** 如果我们抓到小偷，应该送到哪里？

**某生：** 要送到公安局。

**王：** 对，小偷要经过判决才能送进监狱。还有吗？

**某生：** 如果某人偷东西，与被偷东西的人发生矛盾，两个人打起来了，也不能报警。

**王：** 好，还有吗？

**某生：** 如果某个人抢了钱，被失主的朋友或亲戚抢回去了并且挨打了，也不能报警。

**某生：** 比如，在空手道或跆拳道比赛里，一方被打伤了，只能找另一方协商。但如果协商不成，要拨打 110，也算不合法权益。

**王：** 好。老师给大家留个作业。大家回家用手机查找 110 报警服务的规定，共有两个内容：哪些问题可以打 110，维护自己的合法权益；哪些不能随便打 110，如果你打了 110，还会受到处罚。因为我们已经基本了解了哪些事可以打 110，所以回去主要查一下哪些不能随便打 110，然后写下来，我们下一次班会进行交流。一开始上课时，有四位同学拨打过 110，帮助他人或自己维护合法权益；那些没有拨打过的同学，对法制还有什么建议和想法吗？

**某生：** 我觉得还应该在更多地方分配更多的警察，以便发生事情后更快地赶到事发现场，及时维护他人合法权益。

**王：** 你能用一个短语概括你刚才的话吗？

**某生：** 增加警力。

**王：** 很好。

**某生：** 我给刚才的同学补充一下，应该在学校或者十字路口这种容易发生事故的地方增加警力。

**某生**：还有对查询他人所在位置的系统，警察也应进行管理。

**某生**：应该向每个人普及一下什么时候可以打110，什么时候不能打。

**王**：我想起一个事例。有一个家长因为孩子非常调皮，他就吓唬孩子说要报警，警察来了以后，孩子被吓到了，不再闹了。大家说这个家长做得对不对？

**生（全体）**：不对。

**王**：对，这个家长违反了报警的规定，110是不能随便打的。我们今天学到了如何拨打110来维护自己的合法权益，同时我们要回去查询一下哪些事不能随便拨打110，还有很多同学给110提出了建议，比如在关键地区增加警力、改进天眼等。总之，大家要学会用法律维护自己的合法权益，无论遇到什么问题，不要打架骂人，要用法律的武器维护自己，好不好？

**生（全体）**：好！

**王**：我们这节课就上到这里，下课。

（本文原载于《教学管理与教育研究》2018年1期）

# 《以科学为主题展开讨论》课堂撷英 ①

**一**

**王旭明（以下简称"王"）：**同学们，我们开始上课。

**学生（以下简称"生"）：**老师好！

**王：**同学们好！今天我们参加的这个活动是中国陶行知研究会求真教育实验研究院真教育大讲堂。这里有一个"真"字，"真"是什么？"真"是科学。我们今天要进行一次主题班会，以科学为主题展开讨论。我们先预热一下：大家从小学到中学学的很多词语与科学有关，每人说一个，后面的同学可以接着补充，看看我们能说出多少与科学有关的词。注意必须含"科学"这个词，接龙赛从这儿开始。

**生：**科学书。

**生：**科技。

**生：**科学实验。

**生：**科学家。

**生：**科学技术。

王旭明执教《以科学为主题展开讨论》现场

---

① 本文根据作者 2018 年 5 月 24 日在河南省焦作市北清中学举办的"真教育大讲堂"第一期活动中执教《以科学为主题展开讨论》主题班会课实况整理而成，有删改．

生：科技进步大赛。

生：科学研究所。

生：科教兴国。

生：科普文。

生：生物科学。

生：社会科学与自然科学。

生：中科院。

王：你知不知道中科院的全称？（学生摇头）不会？中科院的全称谁知道？

生：中国科学院。

王：对，中国科学院。看来简称说惯了，还真不会说全称。接着来。

生：化学科学。

生：科学教育。

王：同学们，词语不许重复，重复了可就得站着了。

生：科研成果。

生：科普知识。

生：科学视野。

生：科学文化。

生：地理科学。

生：科学管理。

生：科学老师。

王：有科学老师吗？小学的科学课老师？

生：有，小学有。

生：……

王：那站着吧，等你思考好了再坐下。下面接着。

生：……

王：那你也站着。（都答不出来）这叫病毒性泛滥。接着说。

生：科技发展。

生：科普知识。

王：他说过了，不许重复，想不起来站着。这是第一个站着的男生。

生：高新科技。

生：科技是第一生产力。

王：这个多好!

生：创新驱动战略。

王：这个有科学吗?

生：和科学有关。

王：那不行，咱们刚才说的是必须含有"科学"。你们有想好的告诉我。

生：科学与文化。

生：科学发展。

生：科研经费。

王：科研经费的全称是什么?或者你告诉我科研经费是什么意思。

生：研究需要一些仪器，这就要一定的经济支持。

王：好的。你们四个同学想一想还有什么科学，来补充一下。他们都没有说用科学来做什么，你们可以往这方面想。

生：科学事业。

生：科学复习。

王：逼得他都用科学进行复习了。

生：科学备考。

王：你看，这个对了。

生：科学饮食。

王：对，不能暴饮暴食。

生：科技生活。

生：科学原理。

生：科技进步。

王：这个说过了。

生：纳米科学技术。

王：你是学理的?（学生摇头）你不是学理科的还知道纳米科学。

生：教科文组织。

王：你说说教科文组织的全称。这是一个全世界著名的组织。

生：联合国教育科学文化组织。

王：下面接着。

生：科学规划。

生：科教频道。

生：中国科技大学。

王：有这么一所大学吗？（笑了）我诈你一下。你是理科的，想进这所大学吗？

生：想。

王：争取进去。你知道在什么地方吗？

生：合肥。

王：合肥。可别以为中国科技大学在北京。

生：山东科技大学。

王：河南有没有？

生：有。

生：创新科技。

王：这个没有说过。（对站着的同学）想起来了吗？

生：没有。

王：还没有想起来，大家帮帮他，要不他得一直站着。

王旭明执教《以科学为主题展开讨论》现场

生：科学技术。

王：我们有这么多同学知道科技。我们答了两轮，还有一位同学站着。

生：科技改变生活、科学理财、航天科技、高科技、社会科学。

王：他这里说了四五个，还真没白站着，站出水平来了。刚才有一半回答的是文科同学，社会科学不就是文科吗？请坐。

## 二

王：刚才大家说了这么多科学的词语，可见科学渗透到我们的生活中了。大家那么熟悉科学，那么谁能告诉我，到底什么是科学？我给大家三分钟的时间，你们可以用手机百度什么是"科学"，或者互相讨论，用自己的话说也行。昨天老师已经通知过你们今天带手机，赶紧看看。要抓紧这几分钟时间，把科学的定义记下来。

（学生讨论）

王：停下来。刚才我们讨论了什么是科学，大家说了很多词语。在这些词语中老师特别喜欢的是"科学备考"，因为和大家生活联系最密切；同样的还有"科学饮食""科学养生"。大家说了那么多与科学有关的词，那什么是科学呢？刚才我让大家用三四分钟的时间来查、来学，这段时间里我发现了三种人：第一种是自己在想，有一两个同学属于这一类；第二种是绝大部分同学，他们在查，或是查百度，或是翻自己的本子；第三种是互相讨论。这三种都了解什么是科学的方法，对不对？什么是科学方法？想，查，讨论。探讨什么是科学的方法，有几个？

生：四个。

王：你说有哪四个？

生：思考。

王：思考是一个，还有呢？

生：研究。

王：你怎么研究？通过什么研究？

生：实践。

王：通过自己的思考、和别人讨论，或者百度查资料。那下面你们用自己的话来回答一下到底什么是科学。我们先找一个理科同学说说。我知道他是个特别有想法的理科生，而且刚刚我发现他比较独立，自己查、自己钻、自己想，整个过程都是一个人完成的。在你眼中什么是科学？

生：客观的、正确的、经得起实践检验的就是科学。

王：客观的、正确的、经得起实践检验的。

生：一般来说，科学就是正确的方法或方式。

王：正确的就是科学的方法，挺好。这是用自己的话来说。你接着说。

生：科学就是客观世界的本质及其运动规律的一种体系。

王：你是在用定义来解释。这段话怎么来的？

生：从百度查的，自己也加了几句。

王：很好，自己补充、理顺一下。现在理科同学和文科同学对科学的回答不大一样了。下面接着。

生：科学是人类认识世界的一种工具，科学一般分为自然科学和社会科学。文科生一般要求学的是社会科学，自然科学是研究世间事物及其变化。

王：旁边的同学都能看到她说话，她后面的同学看不到。她面对大家的神态特别好，而且她并不是照着念，而是写下关键词来提示自己。（对学生）你是理科还是文科？

生：理科。

王：同学们，人家学理科的同学表达得这么好，这是对我们文科生的挑战。这里有个主动举手的同学，给你一个机会。

生：我觉得科学是人们在社会实践中形成的一种真理性认识，是对一些事物的认识。它存在于一定时间、地点、条件下，是人们对现阶段的一种真理性认识。但作为一种认识，它有可能经历螺旋式上升和波浪式前进的过程，随时代发展而变化。

王：这个是学文科的同学，他终于给我们文科班的同学争口气了。他也是根据记录或提示回答。大家看，我们在这么短的时间内很好地回答了"什么是科学"这个问题。我们刚才用语文方法来解释科学，更具体来说是什么？

生：下定义。

王：我刚才还以为你不爱说话呢！其实你也挺爱说话的。对，用下定义的方法来解释什么是科学。同学们刚才通过百度查资料、讨论或独立思考来想什么是科学。现在我来告诉大家什么是科学的方法。思考是不是科学的方法？

生：是。

王：是科学的方法。讨论是不是？

生：是。

王：查百度是不是？

生：是。

王：还有什么是科学方法？能告诉我你认为还有哪些科学方法吗？

生：看书。

王：看书、查资料，很好。还有呢？

生：亲身实践。

王：亲身实践，当然是可以的。还有吗？

生：做实验。

王：做实验的方法是最科学的方法之一。还有吗？

生：请教前辈。

王：为什么非要向前辈请教呢？

生：因为与我们相比，他们有更多的阅历和经验。

王旭明执教《以科学为主题展开讨论》现场

王：向同辈请教呢？

生：可以，只要比我思想层次高，比我有更深的见解。

王：我都可以去请教，很好。在生活中我们能有很多方法，实验的方法、讨论的方法、沉思默想的方法、实践的方法、请教的方法，还有没有？

生：通过主观认识，接着进行合理外推，然后实验验证，最后求证自己的想法正不正确。

王：他不仅告诉我们方法，还把整个过程告诉了我们。刚才老师低估你了，以为你不爱说话，所以站在了你的旁边，原来你这么能说，而且还说得这么完整。

## 三

王：我们刚才讨论了什么是科学、科学研究有哪些方法，现在我提最后一个问题：如果我从事科学工作，用科学方法指导生活、学习，我该具备哪些特征呢？我的身上有哪些特点可以说明我是做科学的？

生：求真务实。

王：对，还有没有？

生：热爱这个世界。

王：是很富有情感的回答。热爱世界，求真务实。把麦克风给后面这四个同学，你们来回答一下。

生：有合理的生活规律。

生：思想严谨。

生：理性思考后做事。

生：对科学的态度要严谨，对真理要有求知欲。

王：还有什么？

生：要有教养。

王：有教养就是受过教育。

生：身体健康，向往每一天的生活。

王：那残疾人就不科学了？

生：不是，只要他思想健康。

王：思想健康就对了。

生：自身独立性较强，会理性分析。

王：好。刚才这么多同学一起讨论了什么是科学，科学都有哪些特点，研究科学都有哪些方法，以及有关科学的若干个问题。现在给你们七分钟的时间，你们带着这几个问题去台下问问在座的校长和老师，看看他们有怎样的见解。他们比你们大很多，经验更丰富、知识更广博。你们想找谁就找谁，有不明白的问题就找他去问，和他交流有关科学的话题。注意，不能分组，只能一对一交流。待会儿回来和大家分享一下你们的交流结果，明白了吗？大家下去吧！

（学生、教师讨论）

王：经过和老师们的充分交流，谁愿意把自己的交流成果和大家分享？

（八位学生举手）

王：我对这八位同学提出特别表扬，因为你们和老师交流，这是一种科学精神；愿意将成果拿出来和大家分享，这是一种科学态度。现在我们来听听你们的想法。

生：我认为科学的态度就需要一双发现问题的眼睛，在发现问题后还要尽可能获取资料、阅读文献，运用发散性思维，自己整理资料、做实验来解答问题、验证结论，最后获得真理。

王：有一双发现的眼睛，这是和你交流的老师告诉你的吗？

生：再加上我自己的意见。

王：很好，不错。知道科学要有一双发现的眼睛，这本身也是一个发现。

生：我刚才主要是和翟老师讨论的。这位老师对科学的理解，让我印象最深刻的就是他说的"要符合社会发展的规律"。我认为这是很深刻的认识，因为人的认识一定要基于社会现实，否则就会陷入自己的世界无法自拔。就像封建主义要被资本主义替代，共产主义要替代资本主义一样，它本身就是社会发展的规律。

王：这是他说的还是你说的？

生：我们共同讨论的。

王：你们共同讨论的，很好。

生：社会发展的规律是一种科学，这是宏观层面。而从我们个人层面来说，对自己人生做出各项决定时，能够随着心走，也是一种科学。就像北大高才生毕业后回家卖猪肉；白领放弃工作，自己在外边到处漂，这样的行为对很多人来说是非常无法理解的、是愚蠢的，但是他跟随了自己的心，走出自己的人生道路，这就是一种科学。

王：北大学生卖猪肉是科学？这是你认为的科学？好的。同意她这种"人随心动，心想干什么就干什么"就是科学的请举手。（部分学生举手）有没有认为不能跟着心走，跟着心走不一定科学的同学？

生：我问了两位老师，其中第二位老师告诉我，如果只是为了获取谋生手段，没有必要上北大、清华这种好学校。上这种学校的学生要有一种使命感。美国某所著名大学校训是"为国家服务，为事业服务"，这也是我们学校的校训。上这样的学校，就不能只是去干一些对人类社会发展贡献没有那么大的事。他明明可以成为一个很好的科学家、政治家或商人，但是他却选择卖猪肉，我觉得这既浪费了社会资源，又浪费了自己的学习成果。

王：这还真是个事儿。北大毕业生卖猪肉算不算科学，这个问题我们先搁在这儿。还有其他的交流结果吗？你说。

生：刚才我向老师请教了一下，老师告诉我首先一定要有科学的思想。

王旭明执教《以科学为主题展开讨论》现场

一个具备科学思想的人，才能用科学的方法探索这个社会和自然的规律；在科学思想指导下进行的探索研究才有价值、有前途，有方向和意义。

王：很好。那位同学？

生：我请教了一下韩老师。我觉得科学是建立在想法和实验上的，这个"想法"往大说就是个人欲望。它首先是为了保证个人生活更美好，然后造福全人类。我们把科学分为微观和宏观两个概念。从微观上就是像人文科学、社会科学这样需要用道理、论证来推论的，或者像生物科学需要进行具体实验。举例来说，如果蒸汽机在当时那个年代算非常好的，那瓦特为什么还要改良它？改良说明它不够好，瓦特是为了追求更好而去改造它。宏观来看，科学必须适用于过去、现在和未来，在这三个阶段都能适用才是科学。

王：你说的观点我都仔细听了，回答得很好。今天在讨论科学的话题时，你们和在座老师交流，有没有遇到老师特不爱理你、不爱说话，你问了半天，他一句话没有的，有吗？

生：没有。

王：如果你们今天碰到，怎么办？

王：继续问？

王：继续问还不理你，怎么办？可以变通一下，换一位老师，别一个老师问到底。这就像是解决一个问题，没有答案，就要稍稍变通一下。当然，锲而不舍、坚持到底也是一个方法，这要看具体情况。

## 四

王：刚才我们说北大学生卖猪肉是不是科学，这是一个困惑。学数学、物理是科学，这没问题；学语文是不是科学？

生：是。

王：语文也是科学。为什么？

生：语文科学就是我平时说话用现代文、白话文，但是在古文这方面就比较欠缺。

王：你的意思是用古文就不是科学吗？

生：就是因为不了解，才要学习它。学习不了解的事，这就是科学。

**王**：不知道，不了解，我去学，这是科学的，是吧？内容本身是不是科学？

**生**：我觉得语言跟其他学科不一样。它不像物理一样是研究学，它是人们先说话，后来再总结规律，这个过程就是科学的。

**王**：你们认为政治科学吗？现在有一个非常好、非常响的口号——习近平新时代中国特色社会主义思想。这个思想科学吗？

**生**：很科学。

**王**：为什么科学？

**生**：因为它可以领导我们的国家和社会更好地向前发展。

**王**：这个思想可以领导我们发展，那换一个人领导可以吗？

**生**：比如，美国的三权分立制度是由伟人制定的，但是这个制度不一定由伟人亲自执行，其他人执行也是可以的。这证明这个制度适合国家国情，是科学的。好的理论、科学的理论就是无论是什么样的人去执行，都可以让国家更好地向前发展。所以习近平新时代中国特色社会主义思想是科学的。

**王**：你是文科？

**生**：是。

**王**：他是今天的文科状元，这是他今天第四次回答，答得都非常好。这个问题我们能回答了，为什么习近平新时代中国特色社会主义思想是科学的，因为它——

**生**：实践检验了它的正确性。中国制造 2025 让我们不用像以前那么害怕外国的侵略了，我们可以看到在习大大的领导下，中国真的越来越强了。

**王**：这位同学学过政治，充满感情。对，因为这个理论揭示了中国社会发展的客观规律，这就是答案。当然，对于习近平新时代中国特色社会主义思想为什么是科学的，对于大学生卖猪肉是不是科学，诸位同学一定还有一些想法或困惑，想提出各种各样的问题，只是由于时间的关系没有说。

科学不是答案，或者说科学不是只有答案。科学一定是问题和答案，是一个"有问题，再有答案；再有问题，再有答案"的持续过程。今天我们从科学现象、科学名词说起，然后讨论了到底什么是科学、科学的定义、科学的特征、科学应该具备哪些品质。我们还有一些困惑，围绕科学还有一些问题，带着这些问题，我们应该继续进行什么样的探索？

生：科学探索。

王：什么探索？

生：科学探索。

王：科学探索一定是带着什么的探索？

生：问题的探索。

王：对，带着问题的探索就是科学的探索。让我们一起为科学而奋斗。今天的主题班会就到这里了，同学们下课。

生：老师再见。

王：好，同学们再见，谢谢你们。

（本文原载于《教学管理与教育研究》2018 年 11 期）

# 《〈世说新语〉二则》课堂撷英 ①

一

**王旭明（以下简称"王"）**：同学们，今天我们上一堂口语交际课，不用语文书、不写作业、不用笔写、只用嘴说。大家手里的两页纸上有两篇小古文，我给你们三分钟时间自由读，先读下来，遇到不认识的字，可以问同学或老师，要读出声音。

**[学生（以下简称"生"）读]**

**王**：你站起来告诉大家你叫什么名字。

**生1**：曾诚。

**王**：老师为什么让他站出来？因为刚才全班同学读的时候，只有他摇头晃脑，像古人再现一样，请坐。我们集体把第一则小故事《期行》读一遍。

（生读）

**王**：有的同学还磕磕绊绊地读，我再给你们三分钟时间默读，并结合课下注释理解故事内容。三分钟后，我要每组找一个同学讲述这个故事。

（生读）

**王**：现在我请这一组六个同学读古文，其他小组的同学认真听的同时看看自己是否知道故事大意。他们读完后，我请同学告诉我故事大意并讲述这个故事。

（生读）

**王**：谁能把这个故事的大意告诉我？

**生2**：陈太丘约好了与朋友相约而行，等到中午朋友还没来，太丘就走了。之后这个朋友才过来。

**王**：你来接着她的说。陈太丘走了以后发生了什么？

**生3**：元方当时七岁，在门外玩耍，有人问他的父亲在不在，元方说："等了很久，你都没有到，我父亲已经走了。"朋友就说："真不是君子，和别人约好了，现在丢下别人自己跑了。"元方回答说："您与我父亲约在正午，您没到，这是不讲信用的表现。当着孩子骂他父亲，这是没有礼

---

① 本文根据作者2018年12月27日在中国陶行知研究会求真教育实验研究院2017学术年会期间执教《〈世说新语〉二则》口语交际课实况整理而成，有删改。

貌的表现。"友人惭愧了，想下车去拉元方，元方头也不回地走进大门。

王：你说得这么好刚才为什么不举手？是不太想说还是不愿意举手说？

生3：没把握。

王：以后要尝试做没把握的事，谁能保证自己有把握呢？我们都是没有把握才学习的。这四组同学不许看片子了，举手说说这个故事的大意。

生4：陈太丘和朋友约好出去玩，到中午朋友还没有到，陈太丘就把朋友丢下自己走了。然后陈太丘……

王：到了中午还没有到，把谁丢下就走了？

生4：把朋友丢下。

王：他见到朋友了吗？

生4：没有。

王：没见到朋友你说他把朋友丢下？你再看看书，你来接着他的说。陈太丘看到朋友没有？

生5：没有。

王：没有看到朋友，跟朋友只是约好时间，对吗？

生6：对。

王：约好中午见，中午朋友来没来？

生6：没来。

王：接着说。

生6：那个朋友没来，太丘就先走了，这时，就是他走了之后，那个友人才到。元方这个时候七岁，在门外玩，这个友人就问他的父亲在不在家，元方回答说："等了你很久，你还没来，我父亲已经先走了。"

王：走了以后呢？

生6：友人生气了，说元方的父亲真不是人，真不是君子。

王：为什么不是君子？

生6：约好一起同行，却把友人扔下自己走了。

王：挺好，请坐。这个故事里出现了几个人物？陈太丘、友人、元方。陈太丘是元方的父亲。父亲还可以叫什么？

生7：令尊。

生8：家严。

王：家严，是个文辞。还有家父。

生9：家老。我从网上查到的。

王：老师都不知道还可以管父亲叫家老。还有没有？爹。文的有家老、家父，俗的有爹，不俗不文的有父亲、爸爸。

二

王：现在我们来看第二则故事。我给你们三分钟时间，把这篇古文先读顺，边读边理解故事大意。读出声音。

（生读）

王：我们让这一组四位同学大声读原文，其他同学边听边理解大意。

（生读）

王：谁能把这个故事的大意告诉我？

生10：诸葛恪是诸葛瑾的儿子。

王：诸葛瑾长得像什么？

生10：诸葛瑾的脸长得像驴的脸。一天孙权……

王：孙权是什么时期的人物？

生10：三国。

王：哪个国家？

生10：吴国。

王：吴国的大王、皇帝，对吗？

生10：对。一天，孙权派人牵了一头驴，他给那头驴贴了一个标签，写上"诸葛子瑜"。

王：诸葛子瑜是谁？

生10：诸葛瑾。

王：诸葛瑾是诸葛恪的什么人？

生10：父亲。

王：还可以叫？

生10：家君。

王：更文了，说个土词叫什么？

生10：爸爸。

王：接着说。

生10：诸葛恪请求孙权让自己再添两个字，然后，他添上了"之驴"二字，就是代表是他父亲的驴。

王："之驴"是什么意思？

生10：就是谁的驴。

王：谁的驴？

生10：诸葛瑾的驴。

王：很好。请这位同学说说这个小故事。诸葛恪的父亲叫什么？

生11：诸葛瑾。

王：长得像什么？

生11：驴。

王：接着说。

生11：有一天孙权会权臣，派人牵一头驴，在驴的脸上贴一个东西，上面写着……

王：贴一个东西写的什么？

生11："诸葛子瑜"。然后诸葛恪就要了一支笔，在"诸葛子瑜"下面写了"之驴"两个字，就是说，这头驴是诸葛瑾的驴。

王：大家看完以后怎么样？

生11：被诸葛恪的机智逗笑了，然后孙权就把这头驴赐给诸葛恪。

### 三

王：我们把这两个小故事大概都说了一遍，这两个小故事的内容、人物都不同，但有一点相同，谁能说出来？

我们先看两篇故事的人物。陈太丘生气了吗？没有，或者说生气没生气我们不知道，他到点就走了。谁生气了？友人生气走了。比友人更生气的是谁？是元方，陈太丘的儿子。诸葛恪为什么加"之驴"两字？"诸葛子瑜"和"诸葛子瑜之驴"有什么区别？把"诸葛子瑜"四字贴在驴脸上说明什么？

生12：加上"之驴"两字，就是诸葛子瑜的驴，如果不加，就是诸葛子瑜。

王：他为什么要加这两个字呢？

生12：因为他爸被人……

王：谁的爸？

生12：诸葛恪的父亲。

王：诸葛恪的父亲被人什么？

生12：就是被人……

王：被谁？被皇帝。

生12：被孙权羞辱了。

王：羞辱，这个词用得很好。类似的词还有嘲弄、羞辱等。可见，这两个小故事有一个共同特点，最生气、最发火的人是谁？

生：儿子。

王：有人侮辱或嘲笑了他们的父亲，所以儿子最生气、最发火。孙权和陈太丘二人的朋友在说侮辱他们的话时，忘记了说话对象的身份。将"诸葛子瑜"写在驴上，你看到了生气吗？

生：应该会生气。

王：可能会，也可能不会，因为你不是诸葛瑾的儿子。所以大家记住，说话时一定要看对象。如果我要当着孩子面说他父亲不好，应该怎么说？

生13：委婉。

王：说清楚，怎么说？

生13：委婉地说。

王：说得多好，老师表扬你，请坐。说话看对象，看什么呢？你们要跟我说话，首先要看我的什么？性别。我是男的女的？

生：男的。

王：我的年龄大概多少？

生：四十八。

王：说得真好，真准。我的身份呢？

生：老师。

王：根据这些判定，你们要跟我怎么说话？会场上这些老师，都是你们的交流对象。根据不同对象要怎么样说话呢？首先要看性别。那么，跟男性说话不要说什么？

生14：不要说太打击他的话，省得挨揍。

王：怎么打击他？

生14：骂他的那种话。

王：还有呢？

生14：羞辱他的那种话。

王：跟男同志说话不要羞辱谁？

生14：羞辱跟他有任何……

王：同一个什么？

生14：人。

王：同一个性别，对吗？你跟男性说话不要说男的各种不好，跟女性说话也不能说她各种不好。跟老年人说话，要忌讳什么？年龄。还要特别谨慎地少说哪个字？

生14：死。

王：是的，我们要根据不同对象，确定不同的说话内容。再看第一则故事中元方父亲的朋友很生气，骂元方的父亲，大家看元方回应的话中第一个字念什么？

生15：汝。

王：翻译成汉语叫什么？

生15：您。

王："君与家君七日终"中的"君"改成"汝与家君七日终"，行不行？汝是什么意思？

生15：你。

王：很好，换成"汝"行，只是不那么尊敬了。同学们记住，换"汝"也行，用"君"也行，但用尊敬的语气与人交流，更显得文明得体。一会儿大家用谦辞和敬语与在场的老师们交流时，注意不要用"你"，要用"您"。当然，用"君"也可以。

恪跪曰："乞请笔益两字。"大家把乞求、乞请的"乞"字画下来。乞是求的意思。把"乞"换成"君"，行不行？

生16：用"君"行，就是不太好。

王：怎么不太好？因为他在跟谁说话？

生16：在跟皇上说话。

王：所以用"乞"，语气就不一样了。刚才我们知道了注意说话对象的性别、年龄，还有什么？身份。这个需要大家动脑筋想，跟不同身份的人该怎么说话。注意，在和不同身份、性别、年龄的人说话时，都要文明得体地交流。什么叫文明得体地交流？比如，跟年龄大的人交流，可用尊敬、请求等语气。如果你求他帮忙，问他作业怎么写，怎么说呢？

生17：请你告诉我作业怎么写。

王：你怎么回答？

生18：这么写。

王：你倒不客气。人家说"请你告诉"，加了敬语，你应该加一个什么词？

生18：谦辞。

王：人家用敬语，你就要用"不客气"这样的谦辞回敬。老师刚才讲看对象说话，对象要看性别、年龄和身份，还要文明地讲话。记住这几个关键点，把这两个故事再读一遍。

（生读）

## 四

王：现在老师给你们布置作业。这一行九位同学跟第一排专家、学者交流。五分钟以后上来汇报你们问他们的问题以及他们是怎么答的。这一组跟我交流。这十位同学去跟那行的老师交流。同学们不要扎堆，不要几个同学去跟一个老师聊。你们一会儿要跟老师汇报，你跟什么人谈了什么问题、他是怎么说的、你是怎么问的。

（师生交流）

王：与第一排专家、学者交流的这九位同学，谁来说说你跟谁交流、提出了什么问题？

生19：我是跟她交流的。

王：姓甚名谁？

生19：姓王，名丽华。

王：你问了她什么问题，她答的什么？

生 19：我问"老师，您眼中的好学生是什么样的"，老师说"在她眼中，会思考、敢提问的学生就是好学生"。

王：她是女的，她大概多大岁数？

生 19：三十多岁吧。

王：你猜得挺准的。你觉得她的职业像什么？

生 19：语文老师。

王：你怎么知道的？你问她了？

生 19：就是因为老师说她喜欢语文。

王：你没有问她干什么的？

生 19：没有。

王：哦，你是猜的，其实你刚刚问问她，就能明确她的身份了。你找的谁？

生 20：我采访的是谢专家。

王：采访的。

生 20：我问的。

王：当记者采访。是谁？叫什么？

生 20：姓谢，名湘，谢专家。

王：你怎么跟他说的？

生 20：我先问他最擅长什么，然后他回答是交流方面。

王：你问他是做什么工作的没有？

生 20：没有。

王：这一行九位同学，跟第一排专家沟通，首先问"您是做什么工作的"，请举手。没有，你们为什么不问问以更好地断定他的特点呢？这边的一行同学，你们交流当中碰到了谁，然后说了什么？

生 21：我跟张主任交流了。

王：哪个张主任？

王：你怎么知道他是张主任？

生 21：他教过我们。

王：这个对象很清楚了，你问他什么问题？

生21：我问他从早上到晚上最喜欢干什么事情。

王：他怎么说的？

生21：他说喜欢判作业。

王：劳动模范型，很好。旁边的同学你找的谁，你跟谁交流？

生22：我没有问名字。

王：与人交流，最基本的名字得问，是吧？男性还是女性？

生22：女性。

王：大概年龄。

生22：二十岁吧。

王：你问的什么问题？

生22：我问她对我的课余时间有没有什么建议？

王：课余时间安排。那你知道她是做什么的吗？

生22：这个我也没问。

王：你可能以为来的都是老师。

生22：是。

王：这么猜的，很好，再问清楚就更好了。

生23：我也忘记问老师的名字了。

王：年龄呢？

生23：应该是两位数。

王：她是做什么的？

生23：她曾经是老师，现在是做……

王：做什么？下岗了？

生23：好像是行政工作。

王：好，你大概问清这个了。你问她什么问题呢？

生23：我问她之前在做老师的过程中，是如何对待自己的学生的。

王：她怎么说？

生23：老师说跟学生相处需要尊重、平等、理解，关爱每位学生。然后，我又问了老师与学生相处最难的问题是什么，老师回答是观念不同。

王：你还问得挺深的，你是不是将来也想当老师？

生23：不是。我还问了一个设计学院的老师。

王：你问他什么问题？

生 23：他问了我一些问题。

王：你被老师给套住了，你本来问别人的，结果被反问了，是吧？

生 23：对。

王：他问你什么？

生 23：老师问我在信息、劳技、美术课上都做什么。

王：这是一个记者，还问你什么？

生 23：问我对于设计是一种怎样的感受，觉得设计是一种怎样的职业。

王：他问你这些问题，你能猜出这个老师是干什么的吗？或者他想干吗？

生 23：老师要调查一下学生对于设计的一些想法。

王：老师要摸摸你的底，对吧？本来是问老师的，结果被老师反问了。请坐。

生 24：我是跟我旁边这个同学一起去问的，我们问的是年级主任刘主任，问他的第一个问题是，他从事这个工作遇到的问题是什么。他说有时候工作会很多，比较忙。然后问他从事教育工作的原因，老师说因为他特别喜欢给我们上课。

王：你怎么不问他那六位同学问我的问题呢？你知道他们问我什么吗？

生 24：不知道。

王：你多大了？你结婚了吗？你有孩子了吗？你们都问老师那么高大上的问题，他们都问我这么通俗的问题。

生 25：我问的是贺老师。

王：问的什么？

生 25：因为贺老师是从草原上过来的，所以我就问了草原那个地方。我探究了一个很高深的问题。

王：什么问题？

生 25：生命的意义。

王：这个来自草原的老师怎么告诉你生命的意义？

生 25：生命的意义，比如说像草原一样，生命对我来说就是一种奇迹。生命就是活出自己的那个自在，活出自己的价值，这就是生命。

王：贺老师告诉你的话？

生25：是我们探讨的结果。

王：还有吗？

生25：还说了说关于理想。

王：除了生命，就是理想，还有吗？

生25：还有比如说像人应该活得像草原一样。

王：非常好。你们这组六个同学听听人家说的，你们感觉惭愧不惭愧？他们始终问我什么，你来汇报。

生26：我们主要是一直想把老师的年龄套出来。结果说了很多好话，也没套出来。

王：人家谈人生、理想、学习，你们就问我这种通俗问题，你们要向他们学习。同学们，今天我们上的这样一堂课叫口语交际课，它是语文课中一个很重要的部分。大家学语文，就是为了与人交流。课堂上不管大家问什么、问什么问题，都不是最主要的，关键是大家会交流了，能把话说好了。大家记住，以后与人交流时，一定要看对象的性别、年龄和身份，做到分清对象，文明交流。下课。

（本文系本书首发）

# 2018 年高考作文模拟三篇

模拟北京卷微作文

真题链接：

从下面三个题目中任选一题，按要求作答。

①在《红岩》《边城》《老人与海》中，至少选择一部作品，用一组排比比喻句抒写你从中获得的教益。要求：至少写三句，每一句中都有比喻。120 字左右。

②从《红楼梦》《呐喊》《平凡的世界》中选择一个既可悲又可叹的人物，简述这个人物形象。要求：符合原著故事情节。150~200 字。

③读了《论语》，在孔子的众弟子之中，你喜欢颜回，还是曾参，或者其他哪位？请选择一位，为他写一段评语。要求：符合人物特征。150~200 字。

我喜欢颜回。孔子对颜回的评价是："一箪食，一瓢饮，在陋巷，人不堪其忧，回也不改其乐。"假如颜回活在当下，是我的学生，我的评价是：在物质化和浮躁日盛的尘世，面对红红绿绿无数诱惑和数字化、人工智能的到来，颜回以其朴素的生活，实现他上下和睦、老少健康、社会安宁、天下大同的崇高理想。尤其是，颜回苦读经典，甚至原文的一字一词都不放过，终日泡在图书馆中，皓首穷经，阐发思想，引导社会精神文明，促进公民素质提高。当今学者中，如颜回之严谨之高尚者还不多，故大赞之。向颜回先生致以崇高敬意！

模拟北京卷大作文

真题链接：

从下面两个题目中任选一题，按要求作答。不少于 700 字。将题目抄在答题卡上。

①今天，众多 2000 年出生的同学走进高考考场。18 年过去了，祖国在不断发展，大家也成长为青年。

请以"新时代新青年——谈在祖国发展中成长"为题，写一篇议论文。

要求：观点明确，论据恰当充实，论证合理。

②生态文明建设关乎中华民族的永续发展，优美生态环境是每一个中国人的期盼。

请你展开想象，以"绿水青山图"为题，写一篇记叙文，形象生动地展现出人与自然和谐相处的美好图景。

要求：立意积极向上，叙事符合逻辑；时间、地点、人物、叙事人称自定；有细节，有描写。

## 绿水青山图

若干年后，我返老还童，又成了"小旭"，这是爷爷奶奶和爸爸妈妈对我的昵称。

"小旭，跟我出去溜达溜达。"奶奶叫我出去跟她遛弯。我抬头望着墙上挂着奶奶戴口罩的照片好奇地问奶奶："奶奶，我怎么没有见您戴口罩了？"奶奶笑呵呵地说："现在哪里还用那玩意儿啊。"我指着照片上口罩前那凸起的部分问奶奶："这是干什么用的？"奶奶索性拉开抽屉，拿出一大包口罩对我说："小旭，你看看，这是二十年前，我们上街必不可少的装备。凸起的部分是小排风扇，把外面的空气过滤下，才能吸进干净的空气。"我一边摸着这个鼓鼓囊囊的东西，一边问："这有作用吗？我要充电试试。"奶奶说："充什么电，现在用不上了，当纪念品吧！"说着，她拉着我的手，晃晃悠悠地走上街。我看到大街上道路两旁都是柳树，柳树梢绿绿的，微风吹来，像很多小姑娘在跳舞。头顶上是蓝蓝的天，护城河在道路旁边潺潺地流着，还有蝉鸣蛙叫呢！我一边拉着奶奶的手，一边问："奶奶，那山叫什么名字，我还没有去过呢！"奶奶说："那叫西山，可美了，我年轻的时候，一年也看不清几次，现在你能天天看见山了，多美啊！你可赶上好时候了！"

我并没有完全懂得奶奶的话，只是从她说话的语气和眼神中察觉出一副得意的样子和满足的心情。

奶奶家在什刹海边的一个四合院中。我经常陪她出来遛弯，经常看见树荫下下棋的和打扑克的三三两两的人，还有街边时不时出现的一对对情人和坐在湖边钓鱼的人，奶奶经常感慨："小旭啊，我要是像你这样的年龄就好了，可惜奶奶享受不了几年了，你太有福了。"奶奶总说这些，我就烦了，天天唠唠叨叨，没什么大不了的事儿。奶奶则批评我不懂，没经历过雾霾，不懂什么叫喘不过气来！

我不谙世事，不知那雾霾时代有多么可怕，也就听不懂奶奶的伤感，但听得出奶奶有多么留恋这美好的青山绿水。

听院子里的大人们说，过去北京不仅空气遭到污染，而且人多、车多、环境差。有人指着鲜花紧簇、绿树成荫的这条街说，那时候这条街两边都是车，中间挤不过来人，只好改成单行道，还是改变不了杂乱污浊的情况。"没办法啊，就是人多！"我有些不解地问："那怎么现在人就少了呢？"院子里的张大爷笑呵呵地说："长大了，你就知道那时候的历史了，是当时的领导决定，把首都的功能分散一部分到天津和河北，才使北京的人数减下来。"我茫然地听着张大爷的话，刚要问什么，奶奶插嘴："这老张头，总爱忆苦思甜，别跟孩子瞎说，他什么都不懂。"听着老人们你一言我一语，我虽不懂，但看得出他们很高兴。

不知不觉已经到了睡觉的时候。天上一轮圆月，繁星布满天空，春风中夹杂着杨树、桃树和许多我叫不出名的树木和花草的味道，沁人心脾，美妙极了。我对奶奶说："我还想再待会儿，晚一点儿再睡。"奶奶说："有什么美的，天天如此。"说着，拉着我进了屋。

我那时还小，不懂得青山绿水对人们有多么重要。当我长大了，人们开始叫我旭明和老王时，我才知道，这青山绿水对于人们的分量有多么重，意义有多么大！

模拟上海卷作文

真题链接：

生活中，人们不仅关注自身的需要，也时常渴望被他人需要，以体现自己的价值。这种"被需要"的心态普遍存在，对此你有怎样的认识？请写一篇文章，谈谈你的思考。要求：①自拟题目；②不少于800字。

## 需要与被需要：双面美好人生

一看这个题目，我就乐了。因为，平时我经常思考这样的问题，比如，生存还是毁灭、理想还是现实、付出是不是一定有所回报、不劳之获是不是一定没有意义等。我觉得，思考这类问题可使自己聪明、有智慧、通透，并且不容易被身边的各种声音左右，坚定自己的追求。

我经常渴望"需要"。比如，我遇到困难时，无论是经济上、生活中，还是学习里，总希望有一个人能出现，帮助我解决。尤其是当我的情感出现困惑时，特别需要有人开导我，或聆听我的倾诉。还记得，我受到的最大委屈是做新闻发言人的时候，有几位记者把我和他们私下聊天的内容当成正式采访报道出来，而且是断章取义的报道，公众反响强烈，我也十分苦恼。当时这对我的精神造成极大损害，真有点像崔永元因为电影《手机》的拍摄和《手机2》的续拍感到委屈一样，只是我没小崔那种灵气和影响力罢了。想想那时，我是多么需要被人理解。幸好，我遇到了很好的领导，他们在了解事情的原委后，对我表示理解，没有批评我；幸好，我遇到了不少好朋友，他们用各种方式安慰我，让我别多想；也幸好，我涉猎过弗洛伊德和荣格的心理学书籍，知道如何克制自己的冲动，消除烦恼；等等。在领导的关怀、朋友的开导和知识的解惑中，我的需要得到了极大满足，度过了那一段艰难时光。由此看来，需要是多么美妙的事情。在人的并不过分的需要得到必要的满足时，整个人的精神状态会得到极大改善。人，因需要和满足需要而幸福着。

我也经常渴望"被需要"。被需要也是一种美好的精神状态，被需要验证着存在的价值，体现着自我人格和个人对社会及他人的意义。无论是帮助朋友力所能及地解决一桩经济上的问题，还是帮助学生解答一个问题，小自为父母和兄弟姐妹提供帮助，大至为自己喜欢的行业带来价值，都是被需要。我以为，被需要是他人对我们人品和能力的认可、肯定，在被需要中，充满了对我们的期待。可以说，被需要是人生价值和意义之所在。

需要与被需要是美好人生的双面。一个人总"需要"而没有"被需要"是自私自利的，也是造成很多个人痛苦的根源，因为你总需要别人而不被需要，说明你怯弱而无用，总靠别人；相反，一个总被需要、没有或极少有需要的人，则是不真实也是不大可能的。人甚至会在过多的被需要中丧失自我，失去人性中许多美好的东西。需要与被需要如同一个钱币的两面，如同一幅完整的图画。如果说，需要是利己的，被需要则是利他的，所谓人人为我，我为人人，正是此意。一个美好的人生就是在需要与被需要中丰富多彩而又错综复杂地交织进行的。处理好需要与被需要之间的关系，既不侧重一方，也不偏废另一方，从中找出平衡点，会使人生完整、完全、完美。

需要与被需要，我将继续。

（本文原载于《语言文字报》2018 年 6 月 20 日 5 版）